라이프 크래프트

라이프 크래프트

초판 1쇄 인쇄 2025년 7월 20일
초판 1쇄 발행 2025년 7월 31일

지은이 윤형준

편집 정은아
마케팅 총괄 임동건
마케팅 안보라
경영지원 임정혁, 이순미

펴낸이 최익성
펴낸곳 플랜비디자인

표지 디자인 스튜디오 사지
내지 디자인 공홍

출판등록 제2016-000001호
주소 경기도 화성시 동탄첨단산업1로 27 동탄IX타워 A동 3210호

전화 031-8050-0508
팩스 02-2179-8994
이메일 planbdesigncompany@gmail.com

ISBN 979-11-6832-195-3 (03320)

- 이 책은 저작권법에 따라 보호받는 저작물이므로 무단 전재와 무단 복제를 금지하며, 이 책의 내용을 전부 또는 일부를 이용하려면 반드시 저작권자와 플랜비디자인의 서면 동의를 받아야 합니다.
- 잘못된 책은 구매처에 요청하면 교환해 드립니다.

라이프 크래프트

윤형준 지음

LIFE
CRAFT

인생 후반전, '일'에서 답을 찾다

시작하는 글
온전한 나로 서기 위하여

이 책은 어느 정도 치열하게 삶을 살아낸 분들을 위한 책입니다. 30대 중반부터 50대 중반까지의 많은 분을 염두에 두고 작업했습니다. 이 시기는 삶의 여러 단계 중 가장 복잡하고 도전적인 시기입니다. 부모로서 자녀를 양육하는 동시에 부모를 돌보는 의무를 지니기도 하며, 직장에서는 젊은 세대가 치고 올라오는 가운데 전문가나 리더로서의 역할을 기대받습니다. 그 속에서 '누구의 엄마', '누구의 아빠', '과장님', '부장님' 등 타인의 기대에 파묻혀 진정한 '나'는 누구인지 잊기 십상입니다. 문득 20년이 훌쩍 지나고 흰머리와 주름살만 늘어난 것 같아 억울함과 함께 '다음 20년도 훌쩍 지나갈 텐데, 100세 시대 노후 준비는 어떻게 하지?'라는 생각에 조바심이 들기도 합니다.

《LifeCraft: 인생 후반전, '일'에서 답을 찾다》는 그런 여러분에게 보상이자 힐링의 기회를 제공합니다. 이 책은 인생 후반전을 준비하는 내면 작업을 도와 주변의 눈으로 바라본 내가 아닌, 오롯한 '나'를 돌아보게 합니다. 누구에게도 의지하지 않는 홀로서기가 아닌, 다른 사람들과의 상호 의존성을 인정하며 그 속에서 온전히 나로 설 수 있는 방향을 추구합니다.

'먹고 살기도 힘든데…', '인생은 내 뜻대로 되지 않던데…'라는 푸념이 귓가에 들립니다. 하지만 이 책 작업을 통해 저와 함께했던 학습자들은 그리던 삶에 한 걸음씩 다가가고 있습니다. 거창한 꿈을 현실로 만드는 마법을 알려드리기보다 냉철하게 현실을 직시하면서도 '나다운 나'로서 평생 즐겁게 해나갈 '나다운 일'을 찾고, 그 속에서 삶을 풍요롭게 하는 실질적 방안들을 발견하도록 돕는 것이 목표입니다.

이 책에서는 20년 이상 세계 각지의 대학생 및 성인 학습자들을 대상으로 적용하고, 사람과 조직을 컨설팅하고 연구한 통찰을 바탕으로 검증된 활동들을 공유합니다. 최근 미국 연방정부에서 대량 실직이 발생했는데, 그분들을 대상으로 제가 진행한 2일 과정에서 참가자들의 가치 및 강점 인식의 명확성, 커리어 전환 자신감, 미래에 대한 희망 등에서 측정 가능한 긍정적 변화가 있었습니다. 그토록 효과적인 방법이면 왜 이제야 공유하냐고 물으실 수도 있습니다. 저의 변명은 삶의 여러 역할을 수행하고, 저의 분야에서 종신 교수직을 얻는 등 제 앞가림을 하다 보니 어느새 머리가 희끗한 중년의 모습이 되었다는 것입니다. 하지만 이 방법론들이 특히 중년에게 더 깊은 울림과 실질적 변화를 가져온다는 것을 확인했습니다.

무엇보다 이 책은 '눈으로 읽는 책'이 아닌 '손으로 쓰는 책'입니다. 단순히 글자를 따라 읽는 것을 넘어, 여러분의 손끝에서 직접 답을 써 내려가는 과정 자체가 중요한 변화의 시작입니다. 책에 쏟는 '손의 노력'이 클수록 얻어가는 통찰과 변화도 깊어질 것입니다. 혼자서 몰입한다면 최소 5일, 또는 매주 3~4시간씩 진행하면 12주 만에 자신만의 'LifeCraft 지도'를 완성할 수 있습니다. 혼자 해도 좋고, 소그룹을 만들어 함께 나아가도 좋습니다. 더 만족스럽고 '나다운' 삶을 향한 의미 있는 한 걸음, 그 여정에 제가 동행하겠습니다.

이 책의 활용법

이 책의 꼭지를 각각 따로 떨어뜨려 보면 새로울 것이 하나도 없습니다. 예를 들면, 에니어그램만 하더라도 전문 서적이 넘치고, 목표 설정만 하더라도 이 책의 내용보다 훌륭한 것도 많습니다. 이 책의 가치를 제대로 경험하기 위해서는 처음부터 순서대로 저의 가이드에 따라 작업하여 결과물을 내보시기 바랍니다.

관심 있는 장을 선택적으로 본다면 운 좋게도 자신에게 도움이 되는 내용을 만날 확률이 있긴 하겠지만, 이 책이 의도하는 삶의 변화를 경험하기는 어렵습니다. 따라서 서문부터 이 책의 활용법 순으로 차근차근 보시기를 권합니다.

이 책의 진가는 모든 활동을 하나로 꿰었다는 데 있습니다. 여러분이 하시게 될 초반의 내면 작업과 후반의 미래 설계가 하나로 연결될 것입니다. 다시 당부드리지만 띄엄띄엄, 여기저기 읽지 마시고, 처음부터 차근차근 따라가주시기 바랍니다. 첫째 당부도, 둘째 당부도 순서대로 차근차근 입니다. 그렇지 않으면 모래 위에 집을 짓는 것과 같습니다.

실제로 활용하는 워크시트와 활동들을 모두 넣으려고 했지만 지면의 제약으로 부득이 QR코드를 활용하여 더 많은 내용을 접할 수 있도록 했습니다. 손으로 읽는 책을 표방한 만큼 책에도 마음껏 생각을 적으시고, QR 코드로 내려받은 워크시트에도 기록하면 좋겠습니다.

최근 생성형 AI의 발전으로 내면 탐색 또한 매우 수월해졌습니다. 손으로 많이 적고 타이핑을 했다면, 그 정보를 생성형 AI에게 주어 자신에 대한 이해를 높이고, 작업의 완성도 또한 높이시길 바랍니다. 이 책을 끝내고 나면 매우 흡족한 인생 후반전의 마스터플랜이 나와 있을 것입니다.

그 작업한 것들을 수년 후에라도 다시 돌아보고, 또다시 수정하는 작업을 반복하시길 권합니다. 이곳에 기록한 내용들, 자판을 두드리고 AI를 통해 정교화했던 내용 모두 여러분의 소중한 자산이 되어 있을 것입니다.

차례

시작하는 글 / 5
이 책의 활용법 / 8

들어가며

아직도 희망은 있다   15
라이프크래프트LifeCraft : 인생 후반전을 위한 여정   16
나다운, 희망적 삶의 요건   17
인생 후반부의 열쇠: 일   19

제1부 ▶ '나는 누구인가' 명확히 하기

1장   나는 내 삶의 시크릿 에이전트!   33
내 삶의 시크릿 에이전트로서 발휘할 4가지 능력   35
내 삶의 시크릿 에이전트로서 역량 측정   37
에이전트가 환경에 대처하고 개선하는 법   44
이 방법론을 거쳐간 사람들의 이야기   50

2장 타고난 나의 성격 이해하기 에니어그램 성격유형 53

에니어그램은 어떤 도구인가? 56
에니어그램의 기본 개념 58
날개Wing의 이해 61
통합과 분열의 방향 62
에니어그램의 활용 목적 64
에니어그램 유형별 동기와 두려움 65
에니어그램 유형별 동기 기반 간이 진단 66
에니어그램 각 유형 이해하기 71
나의 유형에 대해 배운 점 73
팀워크에 에니어그램 적용 76
마무리: 이 책에서의 에니어그램 활용 77

3장 인생 테마 및 강점 도출하기 79

인생 테마 찾기 80
스토리를 통한 강점 발견 91

4장 삶의 가치와 직업적 가치의 도출 101

가치 탐색에 들어가며 102
가치 탐색 활동: 궁극적, 수단적, 직업 가치의 통합적 발견 105
가치와 인생 테마, 가치와 성격의 관련성 115
가치를 활용한 직업 탐색 방법 117
마무리: 가치는 삶과 일의 나침반 121

제2부 ▶ 사명 설정 및 나의 공간적 확장

5장　한 문장으로 내 사명 선언문 만들기　125
- 사명 선언문: 통합의 시간　126
- 사명 선언문의 힘　126
- 지금까지의 발견 통합하기　127
- 통합적 질문에 답하기　128
- 사명 선언문이 의미 있는 삶을 이끄는 방법　129
- 사명 선언문 작성 방법　131

6장　사명의 확장 삶의 역할 규명　137
- 사명에서 역할로: 삶의 공간적 확장　138
- 삶의 역할 탐색과 이해하기　138
- 인생 중후반기의 역할 변화와 통합적 관리　144
- 성찰 질문　145
- 마무리: 역할을 넘어선 삶의 본질　146

제3부 ▶ '나'의 시간적 확장

7장　다양한 커리어 옵션 탐색　151
- 인생 후반전을 위한 커리어 옵션의 중요성　152
- 경로사고 Pathways Thinking 의 실천　152
- 직업 탐색 도구 활용　154

커리어 옵션 탐색 방법: 기술 기반, 흥미 기반, 가치 기반		157
커리어 옵션의 종류		163
커리어 옵션 평가 및 선택을 위한 프레임워크		168
실천 계획: 내 커리어 옵션 탐색하기		172
마무리: 유연성과 지속적 탐색의 중요성		176

8장 나의 비전과 미리 쓰는 자서전　　177

비전의 의미와 중요성	178
비전 설정을 위한 심상 훈련의 중요성	178
심상 훈련 Guided Imagery 실습	179
꿈 목록 작성하기	183
미래의 이야기를 위한 과거, 현재 스토리 작성	186
미리 쓰는 자서전	191
한 문장으로 내 비전 표현하기	194
마무리: 당신만의 비전을 찾아서	197

9장 비전 달성을 위한 SWOT 분석 기반 전략 도출　　199

나를 위한 SWOT 분석 제대로 하기	200
전략 우선순위 도출	204
전략적 사고의 내재화	206

제4부 ▶ 목표 설정 및 관리를 통한 내 삶의 최적화

10장 내가 원하는 삶을 위한 목표 설정 211
- LifeCraft 에이전트로서의 목표 설정 212
- 목표 설정의 원칙 214
- 목표 설정서 작성 218
- 개인 목표와 조직 내 목표의 시너지 내기 221
- 목표 설정과 실행의 여정 225

11장 웰빙을 고려한 목표달성 및 삶의 최적화 전략 227
- 균형 잡힌 삶을 위한 웰빙 전략 228
- 조화와 자아실현의 동시 추구 방법 231
- 내가 원하는 삶을 위한 ERRC 233
- 웰빙 중심의 삶을 위한 실천 전략 236
- 마무리: 웰빙 중심의 통합적 삶을 향해 239

마치는 글 / 240
감사의 글 / 244
참고문헌 / 247

들어가며
아직도 희망은 있다

라이프크래프트 LifeCraft
: 인생 후반전을 위한 여정

스타크래프트 StarCraft는 들어봤는데, 라이프크래프트라고? 요즈음 조직에서는 잡크래프팅 Job Crafting이라고 하는 자신의 일을 주도적으로 설계하는 개념이 확산되고 있다. 이와 같이 미래의 일과 삶을 스스로 설계하고 창조해나가는 과정을 'LifeCraft'라고 명명했다. '놀이하듯 창조하는 과정' 정도로 이해할 수 있다.

당신은 이 책을 통해 자신의 인생이라는 게임을 전략적으로 플레이하는 방법을 배우게 될 것이다. LifeCraft는 자아 발견의 여정을 넘어 당신이 정체성을 탐색하고, 과거부터 미래까지 인생 이야기를 정리하며, 인생 후반전 목표를 설정하고 실행 계획을 수립하는 과정을 안내한다.

이 LifeCraft는 '중년 버전'이다. 나는 지난 20년간 대학생, 직장인 대상 시간 관리, 진로 설계 관련 강의와 연구를 해왔다. 특히 2011년부터 고려대학교에서 시작한 '커리어리더십캠프'를 한국과 모로코, 미국, 대만의 여러 대학에서 진행하며 많은 성과를 거뒀다. 주로 20대 대상이었지만, 같은 방법론을 중년의 상황에 맞게 변형하여 적용해 성과를 보기도 했다. 서문에서 잠시 언급했지만, 이 책의 내용을 기반으로 최근 미국 연방정부에서 직장을 잃은 분들을 대상으로 워크숍을 진행하여 측정 가능한 변화의 효과를 가져온 바 있다. 중년의 특성을 고려하여 삶의 균형적인 발전, 즉 신체적, 정신적, 지적, 관계적, 정서적, 영적, 재정적 건강을 위해 편향되지 않도록 안내하고자 한다.

당신은 인생 후반전을 위해 적극적으로 준비하는 사람이다. 바쁜 일상에서 내면 작업을 하고 미래를 계획하기로 결정한 것 자체에 큰 의미가 있다. 그런 점에서 당신은 축복받은 사람이다. 당신이 이 과정을 통해 혜택을 본다면 세상과 그 경험을 나누길 바란다.

나다운, 희망적 삶의 요건

다음 질문들을 고민해보자.

- 나는 타인의 기대와 나의 욕구 중 주로 무엇을 따라가고 있는가?
- 현재까지 중요하게 내린 결정들이 나의 가치관과 일치했는가?
- 사회적 역할을 수행하면서도 나만의 고유한 특성을 표현할 수 있는 방법은 무엇인가?

희망은 낙관이나 기대감이 아닌, 구체적이고 실천적인 개념이다. 스나이더^{C.R. Snyder1)}에 따르면 희망적인 사람의 행동 특성은 다음과 같다.

1. **명확한 목표**: 희망적인 사람은 의미 있는 목표가 있다.
2. **다양한 경로**: 목표달성을 위한 다양한 경로를 찾아낸다. 하나의 길이 막히면 또 다른 길을 찾아내고, 그것이 막히면 제3의 대안을 찾아낼 줄 안다.
3. **실행 의지(실행력)**: 꿈만 꾸지 않고 현실로 만드는 사람이다.

희망적 삶의 본질은 주체성에 있다. 내가 꿈꾸는 것들을 스스로 이뤄내는 능력이다. 때로는 다른 사람들을 통해, 다른 사람들과 함께 이루기도 한다. 이를 위한 원칙은 다음과 같다.

1. **나의 정체성을 중심으로 목표를 세운다.**
2. **현실적이고 유연한 경로를 설계한다.**
3. **실행을 통해 작은 성공을 축적한다.**
4. **사회적 관계를 통해 나다움을 확장한다.**

▶ 인생 후반부의 열쇠: 일

일의 본질적 의미

'돈 많은 백수'가 되는 것이 꿈이 된 세상에서 인생 후반전의 해답이 '일'에 있다고? 최근 '파이어족(재정적 자립, 조기 은퇴)' 열풍이 불었지만, 인생 후반부에 아무 일도 하지 않는 것이 가능하고 바람직할까?

우리가 흔히 말하는 '일'은 돈을 받는 경제 활동을 의미하지만, 실제 '일'의 의미는 더 넓다. 인간이 살아가면서 나와 남을 위해 가치를 만들어내는 모든 의미 있는 활동이 일이다. 집 관리, 재정 관리, 텃밭 가꾸기, 손주 돌보기, 자원봉사, 여행 계획 세우기, 가사 활동도 모두 일이다.

인간은 본질적으로 무언가를 하면서 살아가는 존재다. 완전한 휴식이 필요한 시기가 있을 수 있지만, 그것이 영구적 상태가 되면 삶의 의미를 잃어버릴 수 있다. 현대 사회에서 평균 수명이 늘어나면서 은퇴 후 20~30년 이상을 의미 있게 채우려면 어떤 형태로든 '일'이 필요하다.

'일'은 단순히 생계 수단이 아닌 인간 존재를 정의하는 활동이다. 서양에서는 프로이드가 '사랑과 일'을 행복한 삶의 두 축으로 강조했으며, 동양의 유교에서도 수기치인修己治人을 통해 자기 발전과 타인과의 조화를 강조했다.

인생 후반부의 '일'은 기존 직업의 반복이 아니라, 새롭게 정의되어야 한다. 다시 반복하면, '일'이란 '인간이 살아가며 나와 남을 위해 가치를 만들어내는 모든 의미 있는 활동'이다.

일의 조건: 기본 조건, 본질 조건, 풍요 조건

이 책에서는 '일'을 단순한 경제활동이나 노동이 아닌, 인간의 존재 가치를 확인하고 사회와 연결되는 의미 있는 활동이라는 관점으로 접근한다. 그렇다면 그 활동들이 진정한 의미의 '일'이 되기 위해서는 어떤 조건이 필요할까? 여기서는 다음 3가지 관점으로 살펴보고자 한다.

기본 조건

기본 조건은 활동이 '일'로서 최소한의 지속성과 안정성을 확보하기 위해 반드시 충족되어야 하는 토대적 조건이다. 이것이 없으면 일 자체가 불가능하거나 곧 중단될 수밖에 없다.

1. **지속 가능성**: 활동이 육체적, 정신적으로 무리 없이 지속 가

능한가?
- 현재의 체력과 건강 상태로 무리 없이 수행할 수 있어야 한다.
- 나이가 들어서도 방식을 조절하며 계속할 수 있어야 한다.

2. **경제적 균형**: 활동이 경제적 안정성을 해치지 않는가?
   - 기본적인 생활을 위협하지 않아야 한다.
   - 필요하다면 적절한 경제적 보상이 주어져야 한다.

본질 조건

어떤 활동이 진정한 '일'로서 정체성과 가치를 부여하는 핵심적인 요소들이다. 이것이 없으면 일은 단지 생계의 수단일 뿐이다.

1. **정체성**: 활동이 나의 가치관과 정체성을 나타내는가?
   - 내가 누구인지를 보여주고, 나의 강점과 철학이 반영되어야 한다.
   - 나를 표현하며 자아를 실현하는 수단이어야 한다.

2. **성장**: 활동을 통해 배우고 발전하는가?
   - 시간이 갈수록 더 깊이 있는 이해와 숙련이 가능해야 한다.
   - 실수와 실패를 통해서도 배움과 발전이 일어나야 한다.

3. **의미**: 활동이 내 삶에서 중요한 의미를 가지는가?
   - 개인의 목적이나 가치와 연결되어야 한다.
   - '왜 이 일을 하는가'에 대한 명확한 이유가 있어야 한다.

풍요 조건

풍요 조건은 활동이 더 큰 기쁨과 만족을 제공하고, 개인의 삶을 더욱 풍요롭게 만드는 선택적 요소들이다. 없어도 되지만, 있다면 일에 대한 몰입과 행복감을 크게 높여준다.

1. **관계**: 의미 있는 관계를 만들고 유지하는가?
   - 가족이나 소중한 사람과의 관계를 돈독하게 만들 수 있어야 한다.
   - 원한다면 이웃이나 공동체 등 더 넓은 관계로 확장할 수 있어야 한다.

2. **자율성**: 활동을 스스로 계획하고 조정할 수 있는가?
   - 시간과 방식을 자유롭게 선택할 수 있어야 한다.
   - 자신만의 속도로 진행할 수 있어야 한다.

3. **창의성**: 활동에서 새로운 시도가 가능한가?

- 나만의 방식으로 혁신을 이루거나 문제를 해결할 수 있어야 한다.
- 실험과 도전이 허용되는 환경이어야 한다.

4. **즐거움**: 활동에서 기쁨과 만족을 느끼는가?
   - 성취감과 보람을 경험할 수 있어야 한다.
   - 활동 자체가 행복과 긍정적인 감정을 가져다줘야 한다.

5. **미래지향**: 활동이 시간이 지나도 의미와 가치를 유지하며, 앞으로의 삶과 목표에 긍정적으로 기여할 수 있는가?
   - 활동이 현재뿐만 아니라 미래에도 삶에 중요한 의미와 지속 가능한 가치를 제공한다.
   - 앞으로의 변화와 도전에 유연하게 적응할 수 있는 활동이다.

자가 진단
나의 '일'을 통한 인생 후반전 준비 상태 점검하기

지금 하는 활동이 '일'로서의 본질과 가치를 어느 정도 충족하고 있는지 점검해보자. 각 문항에 대해 **0점**(전혀 아니다)에서 **10점**(매우 그렇다)까지 점수를 매기고, 총점을 계산해보자.

진단 문항

질문	조건	점수(0~10)
1. 활동이 육체적, 정신적으로 무리 없이 지속 가능한가?	기본 조건	
2. 활동이 경제적 안정성을 해치지 않는가?	기본 조건	
3. 내가 하는 활동이 나의 가치관과 정체성을 나타내는가?	본질 조건	
4. 활동을 통해 배우고 발전하는가?	본질 조건	
5. 활동이 내 삶에서 중요한 의미를 가지는가?	본질 조건	
6. 내가 하는 활동이 의미 있는 관계를 만들고 유지하는 데 기여하는가?	풍요 조건	
7. 내가 활동을 스스로 계획하고 조정할 수 있는 자율성이 있는가?	풍요 조건	
8. 활동에서 창의적이고 새로운 시도가 가능한가?	풍요 조건	
9. 활동이 기쁨과 성취감을 제공하며 보람을 느끼게 하는가?	풍요 조건	
10. 활동이 시간이 지나도 가치를 유지하고, 다음 세대와 사회에 긍정적인 영향을 미칠 수 있는가?	풍요 조건	
점수 합계		

점수 해석 및 가이드라인

총점을 계산한 뒤, 다음 해석을 통해 자신의 상태를 파악한다. 또한, 점수가 낮게 나온 영역이 있다면 표시해보고, 어떻게 하면 그 부분이 보완될 수 있을지 생각해본다.

점수	해석 및 가이드라인
90~100점	현재 활동은 '일'로서의 모든 조건을 충족하고 있다. 의미 있는 관계를 넓히고, 지속 가능한 성장을 추구하며 이 방향을 이어가자. 인생 후반전을 준비하는 과정에서 활동의 깊이와 폭을 확장할 기회를 만들어보자.
70~89점	활동은 대부분의 조건을 충족하고 있지만, 몇몇 요소에서 개선이 필요하다. 점수가 낮은 문항에 주목하고 부족한 부분을 보완하자. 예를 들면, 관계의 깊이를 더하거나 자율성과 창의성을 높이는 활동을 추가할 필요가 있을 수 있다.
50~69점	활동이 일부 조건을 충족하고 있지만, 전반적으로 더 많은 고민과 노력이 필요하다. 현재 활동이 진정으로 당신에게 의미를 주고 있는지 돌아보자. 필요하다면 새로운 활동을 탐색하거나, 기존 활동을 재구성해 본질적 가치를 강화할 방법을 찾자.
50점 이하	현재 활동은 '일'로서의 조건을 충분히 충족하지 못하고 있다. 삶에 더 큰 의미와 가치를 가져다줄 새로운 활동을 탐색하거나, 현재 활동의 방향성을 근본적으로 재설계할 필요가 있다.

종합 성찰 및 다짐

이 진단은 단순히 점수를 매기는 작업이 아니다. 자신의 삶을 성찰하고, 인생 후반전을 설계하는 첫 단계이다. '일'은 생계유지를 넘어선 의미를 가진다. 그것은 정체성을 표현하고, 관계를 확장하며, 삶의 의미를 재발견하는 과정이다.

  인생 후반전의 열쇠가 될 수 있는 '일'에 대한 의미에 대해 돌아본 후 배운 점, 현재 나의 '일'과 관련된 준비 상태에 대한 점검 결과에 대한 성찰과 다짐 등을 기록해보자. 점검 결과에서 발견한 부족한 부분을 보완하며, 새로운 형태의 나만의 '일'을 만들어가자. 이 성찰과 다짐은 이제 본격적으로 시작될 여정에 등대로 작용할 것이다.

일의 의미

나의 '일'과 관련된 준비 상태

나의 다짐

사례 1. '일'을 통한 인생 후반전의 새로운 발견

다음은 '일'을 통해 인생을 재발견한 유형을 각색하여 표현해보았다.

> 한지원(37세) 씨는 대형 IT 회사에서 10년간 프로젝트 매니저로 일했다. 업계에서 인정받는 실력자였지만, '이대로 40대, 50대에도 같은 일을 할 수 있을까?'라는 의문이 들기 시작했다. 2년간의 고민과 준비 끝에 그는 IT 교육 콘텐츠 제작자로 전환했다.
> "프로젝트 관리 경험과 IT 지식을 바탕으로 온라인 강의를 만들기 시작했어요. 처음에는 불안했지만, 이제는 제가 만든 콘텐츠로 누군가가 성장하는 모습을 보며 더 큰 보람을 느낍니다. 나이가 들어서도 계속할 수 있는 '나만의 일'을 찾은 것 같아요."

> 김태준(58세) 씨는 30년 동안 대기업 인사팀에서 일했다. 50대 중반에 명예퇴직을 하면서 그는 처음에는 '이제 쉬어야지'라는 생각뿐이었다. 하지만 6개월 정도 지나자 뭔가 허전함을 느꼈다. 오랜 고민 끝에 그는 자신의 전문성을 활용하여 소규모 회사들의 인사 자문을 시작했다. 처음에는 단순히 자문 역할로 시작했지만, 점차 청년 구직자들을 위한 멘토링까지 영역을 넓혔다.

박미영(54세) 씨의 이야기도 주목할 만하다. 전업주부로 살다가 아이들이 대학에 진학한 후, 그녀는 평소 관심 있던 원예를 시작했다. 처음에는 취미로 시작했지만 점차 이웃들과 함께하는 작은 정원 가꾸기 모임으로 발전했고, 현재는 도시농업 강사로 활동하고 있다.

"텃밭을 가꾸면서 이웃들과 수확의 기쁨을 나누고, 도시 녹화에도 기여한다는 게 저에게 새로운 삶의 의미가 되었어요."

앞으로의 여정을 위한 준비

앞으로 우리는 다음과 같은 여정을 함께할 것이다.

- 먼저 '나는 누구인가'라는 근본적인 질문과 여러 가지 방법을 통해 자신을 깊이 이해하는 시간을 가진다.
- 이를 바탕으로 나만의 사명을 설정하고 삶의 다양한 영역으로 확장해나간다.
- 구체적인 비전과 전략을 수립하여 실천 가능한 목표로 전환한다.
- 마지막으로 이 모든 것을 지속 가능한 형태로 발전시키는 방법을 배운다.

이 여정은 단순한 계획 수립이 아닌, 진정한 의미의 '나다운 일'을 찾아가는 과정이 될 것이다.

제1부

'나는 누구인가' 명확히 하기

1장

나는 내 삶의 시크릿 에이전트!

혹시 영화 〈007〉의 제임스 본드나 이순신 장군 같은 영웅들을 떠올리면서 '나는 그저 평범한 사람일 뿐인데…'라고 생각하는가? 하지만 당신의 삶을 돌아보면, 지금까지 수많은 난관을 극복하고 다양한 역할을 수행하며 살아왔다. 그렇다. 당신은 이미 자신의 삶에서 '시크릿 에이전트'로 활약해왔다.

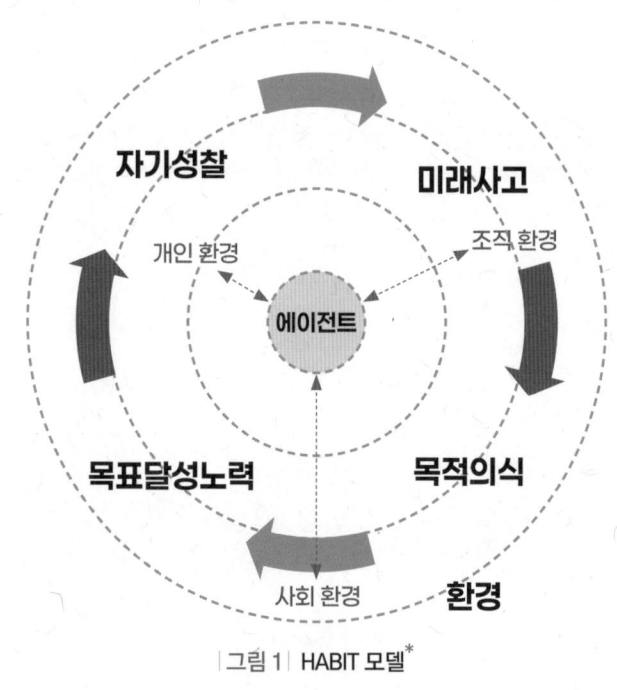

| 그림 1 | HABIT 모델*

---

* 이 그림은 반두라가 주창한 4가지 요소를 어떻게 각각의 에이전트가 개인적, 조직적, 사회적인 차원에서 환경과 상호작용하면서 기대하는 바를 성취해나가는지 나타내고 있으며, 윤형준이 개발했다. 이는 HABIT 모델[2]이라 불리며, Human Agency-Based Individual Transformation(휴먼에이전시 기반 개체변혁 모델)의 앞 글자를 따서 만들었다.

세계적인 심리학자 앨버트 반두라Albert Bandura는 인간을 단순히 환경에 반응하는 수동적 존재가 아닌, 자신의 삶을 주도적으로 이끌어가는 '에이전트agent'로 보았다. 그의 휴먼에이전시Human Agency* 이론은 우리가 어떻게 자신의 삶을 끌어나가는지를 과학적으로 설명한다.

우리는 때로 '나는 이미 늦었어', '여건이 받쳐주지 않아', '나는 그럴만한 능력이 없어'라고 생각하며 스스로를 제한한다. 하지만 반두라의 연구는 우리 모두가 자신의 삶을 변화시킬 수 있는 강력한 에이전트임을 보여준다. 그는 이를 4가지 핵심 특성인 '자기성찰self-reflectiveness, 미래사고forethought, 목적의식intentionality, 자기반응self-reactiveness**'으로 설명했다.

▶ 내 삶의 시크릿 에이전트로서 발휘할 4가지 능력

우리 모두는 삶의 주인공이자 시크릿 에이전트다. 시크릿 에이전

---

* 에이전시는 주체성, 주도성으로 번역되기도 하지만, 경우에 따라 대리인을 뜻하기도 한다. 어느 하나로 표현하기가 복잡하여 영문 그대로 에이전시라고 표현하고자 한다.

** 영문을 그대로 번역하면 '자기 반응성'이다. 목표에 대한 반응, 즉 실행과 목표달성노력이다. 또한 이는 환경 변화에 대한 반응이기도 하다.

트가 되기 위해서는 HABIT 모델에 나타난 다음 4가지 핵심 능력이 필요하다.

- **자기성찰**: 자신의 생각, 감정, 행동과 경험을 돌아보고 평가하는 능력이다. 자신의 동기, 가치, 삶의 의미를 깊이 있게 살펴보며, 자기효능감과 사고의 건전성을 평가한다. 이는 모든 변화와 성장의 출발점이다.
- **미래사고**: 미래를 내다보고 행동의 결과를 예측하는 능력이다. 목표달성에 필요한 단계와 자원을 고려하며 미래의 모습을 현재의 동기와 지침으로 삼는다. 앞으로 어떤 상황이 올지 예상하고 대비책을 마련하는 것이다.
- **목적의식**: 목적을 가지고 행동을 시작하는 능력이다. 구체적인 실행 계획과 전략을 수립하고 실천하려는 적극적인 의지를 포함한다. 명확한 목표와 의도를 가지고 행동하며, 자신의 행동이 어떤 결과를 가져올지까지 인식한다.
- **목표달성노력**: 계획을 실행하여 달성하는 능력이다. 개인적 기준을 세우고, 적절한 행동 과정을 구성하며, 자신의 활동을 모니터링하고, 필요시 자신의 행동을 조절한다. 어려움을 극복하고 목표달성을 위해 나아간다.

이 4가지 요소는 순환적으로 작용하며 서로를 강화한다. 자기성찰을 통해 얻은 통찰이 미래 계획의 기초가 되고, 이는 다시 구체적인 의도와 실천으로 이어지며, 실행 과정에서의 경험이 새로운 자기 성찰의 재료가 되는 것이다. 이러한 요소들을 적극적으로 활용하다 보면 어느새 자신이 원하는 것들에 다가가 있음을 경험할 것이다. '각 요소를 얼마나 적극적으로 치밀하게 삶에 적용하고 실행하는가'에 따라 성취 수준이 달라진다.

내 삶의 시크릿 에이전트로서 역량 측정

우리 모두는 스스로 삶을 설계하고 실행할 수 있는 시크릿 에이전트다. 이 섹션에서는 자신이 얼마나 주체적으로 행동하고 있는지 4가지 핵심 역량을 측정해보자.[3]

진단 방법

다음 12개의 문항에 대해 0~6점 척도를 사용해 점수를 매긴다.

- **0점**: 전혀 하지 않음

- **1점**: 거의 안 함(1년에 몇 번)
- **2점**: 드물게 함(한 달에 한 번 미만)
- **3점**: 가끔 함(한 달에 한 번)
- **4점**: 자주 함(일주일에 한 번)
- **5점**: 꽤 자주 함(일주일에 두세 번)
- **6점**: 매일 함

질문

문항	점수 (0~6점)
1. 나는 내가 어떤 것들에 대해 왜 열정적인지 생각한다.	
2. 나는 내 삶에서 일어날 수 있는 일들을 상상한다.	
3. 나는 최종 결과를 염두에 두고 무언가를 시작한다.	
4. 나는 나의 계획을 달성하기 위해 적극적으로 나 자신을 점검하며 노력한다.	
5. 나는 내 삶이 추구하는 바의 의미를 생각한다.	
6. 나는 향후 몇 년간의 내 미래를 내다본다.	
7. 나는 구체적인 목표를 숙지하고 일을 끝마쳐 간다.	
8. 나는 내 목표가 달성될 수 있도록 내 계획과 실천을 꾸준히 점검한다.	
9. 나는 특정 목표들에 내가 동기부여가 되어 있는지 점검한다.	

10. 나는 5년 안에 내게 열릴 수 있는 다양한 기회들을 상상한다.	
11. 나는 무언가에 몰두할 때 구체적인 목적이 있다.	
12. 나는 내가 목표에 도달할 수 있도록 나 스스로에게 동기부여 한다.	

점수 계산 방법

1. 각 문항의 점수를 아래 표에 기록한다.
2. 각 그룹(4가지 역량)의 문항 점수를 합산하고, 평균을 계산한다(총점÷3).
3. 4가지 그룹의 점수를 합산하여 **총점**과 **평균 점수**를 계산한다(총점÷12).

역량	문항 번호	점수 기록	총점(합산)	평균(÷3)
자기성찰	1, 5, 9			
미래사고	2, 6, 10			
목적의식	3, 7, 11			
목표달성노력	4, 8, 12			

- 전체 총점:
- 평균 점수(총점÷12):

결과 해석

그룹별 점수 해석

- **5.0~6.0: 탁월한 수준**. 해당 역량이 일상에 깊이 체화되어 있으며, 지속적이고 체계적으로 실천하고 있다. 현재의 수준을 유지하면서 다른 이들을 멘토링하거나 더 도전적인 목표를 설정해볼 수 있다.

- **4.0~4.9: 우수한 수준**. 해당 역량을 의식적으로 잘 활용하고 있다. 더 높은 수준으로 발전시키기 위해 구체적인 전략을 세우고 실천해보자.

- **3.0~3.9: 보통 수준**. 기본적인 역량은 갖추고 있으나, 일상적 실천이 부족하다. 규칙적인 습관 형성을 통해 역량을 강화할 필요가 있다.

- **2.9 이하: 발전 필요 수준**. 해당 역량의 체계적인 개발이 필요하다. 구체적인 행동 계획을 수립하고 작은 것부터 실천해나가자. 필요한 경우 전문가의 도움을 받아 개선해나갈 수 있다.

전체 점수 해석

- 5.0~6.0: 탁월한 수준의 자기 주도성(상위 10% 수준)
- 4.0~4.9: 우수한 수준의 자기 주도성(상위 25% 수준)
- 3.0~3.9: 보통 수준의 자기 주도성(평균 수준)

- 2.9 이하: 발전 가능성이 큰 수준(하위 25% 수준)

역량 강화를 위한 실천 방향

자기성찰 심화

- **매일 5분 일기 작성으로 내면 탐구**: 저녁에 5~10분을 할애해 '오늘 가장 기억에 남는 순간과 그 이유' 또는 '오늘의 선택 중 후회되는 것은?' 같은 질문을 중심으로 일기를 쓴다.
  예) "오늘 회의에서 의견을 내지 못해 아쉬웠다. 다음엔 먼저 말할 기회를 만들자."

- **월간 가치 점검 워크시트**: 매달 마지막 날, 자신이 중요하게 여기는 가치 3~5개(예: 성장, 관계, 건강)를 적고, 최근 한 달 동안 각 가치를 얼마나 실천했는지 1~10점으로 평가한다.
  예) '성장(7점): 새로운 영역 학습 시작. 건강(4점): 운동 빈도 부족'

- **멘토의 관점 빌리기**: 존경하는 인물을 떠올리고, 그들이 내 현재 고민(예: 직장 내 갈등)에 어떤 조언을 줄지 상상하며 기록한다.
  예) "○○이라면 침착하게 대화로 풀었을 것이다."

미래사고 개발

- **비전 보드 제작 및 주간 점검**: 종이 또는 앱(예: Pinterest)을 사용해 5년 후의 이상적인 삶(예: 꿈의 직업, 세계 여행)을 시각화한다. 매주 일요일 5분간 이를 보며 "이번 주 이 비전에 가까워진 행동은?"을 기록한다.

  예) "영어 공부 3회 → 해외 여행 준비"

- **역산 목표 계획법**: 5년 후 목표(예: 새로운 경력 전환)를 설정하고 이를 위해 3년 후, 1년 후, 6개월 후, 이번 달, 이번 주에 해야 할 일을 역순으로 작성한다.

  예) "이번 주: 관련 직무 온라인 강의 1개 수강"

- **주간 기회 탐색 시간**: 매주 토요일 10분간 새로운 가능성(예: 무료 웨비나, 지역 모임)을 검색하고, 한 달에 하나씩 실행한다.

  예) "다음 주: 커뮤니티에서 주최하는 네트워킹 이벤트 참석"

목적의식 강화

- **아침 3분 목표 설정 루틴**: 매일 아침, 오늘의 핵심 목표 1~2개를 간단한 문장으로 적어 스마트폰 메모나 포스트잇에 저장한다.

  예) "오늘: 보고서 초안 제출, 팀원과 오해 풀기 대화"

- **주간 성찰로 가치 연결**: 매주 일요일 저녁, "이번 주 내 행동 중 내 비전과 연결된 순간은?"을 기록한다.

  예) "동료의 프로젝트 지원 → 협력과 리더십 가치 실천"

- **장기 목표 선언 및 공유**: 1~2년 후 목표(예: 새로운 취미 마스터)를 문장으로 쓰고, 신뢰하는 친구나 가족에게 공유해 책임감을 높인다.
  예) "2027년까지 기타로 좋아하는 곡 5개 연주 가능"

목표달성노력 증대

- **일일 할 일 목록 및 저녁 점검**: 매일 아침 3~5개의 구체적인 할 일을 적고, 저녁에 완료 여부를 체크한다. 완료된 항목은 색으로 표시해 성취감을 느낀다.
  예) "운동 20분, 이메일 정리 완료"
- **작은 성공 보상 시스템**: 주간 목표(예: 매일 물 2리터 마시기)를 달성하면 작은 보상(예: 좋아하는 영화 보기)을 설정한다.
  예) "5일 연속 목표달성 → 주말에 카페에서 디저트 즐기기"
- **유연한 계획 조정 프로세스**: 목표달성이 어려울 경우, 주말에 10분간 원인을 분석하고 대안을 기록한다.
  예) "독서 시간 부족 → 출퇴근 시간에 오디오북 듣기로 변경"

추가 팁

- **도구 활용**: 노션Notion, 구글 킵Google Keep 같은 앱이나 플래너를 사용해 실천을 체계적으로 관리한다.
- **월간 역량 점검**: 한 달에 한 번 이 진단 도구를 활용해 점수 변화를 확인하고, 어떤 행동이 효과적이었는지 기록한다.

- **커뮤니티 참여**: 실천 목표를 친구나 소셜 미디어 그룹에 공유해 피드백과 격려를 받는다.

에이전트가 환경에 대처하고 개선하는 법

앨버트 반두라의 휴먼에이전시 이론에서 환경은 3가지 형태로 구분된다.[4] 우리의 의지와 관계없이 **주어진 환경**imposed environment, 우리가 **선택한 환경**selected environment, 그리고 우리가 **구축한 환경** constructed environment이 그것이다. 이러한 구분은 우리가 환경과 어떻게 상호작용할 수 있는지를 이해하는 중요한 관점을 제공한다.

더욱 중요한 것은 우리가 어떤 환경에 처해 있든 그것에 대한 우리의 대응을 선택할 수 있다는 점이다. 주어진 환경에 남아 변화를 꾀할 수도 있고, 새로운 환경을 찾아 떠나거나 혹은 전혀 새로운 환경을 만들어낼 수도 있다.

환경의 3가지 형태와 사례들

다음은 3가지 환경 유형을 에이전트로서 어떻게 활용할 수 있는지에 대한 이해를 돕기 위한 목적으로 만들어졌으며, 실제 사례도 있고 가상 사례도 있다.

주어진 환경

가족관계, 회사의 경직된 문화, 사회적 제약은 우리의 의지와 무관하게 주어진 환경이다. 많은 사람이 이러한 환경을 '어쩔 수 없는 것'으로 받아들이지만, 실은 이 환경에 대한 우리의 대응 방식을 선택할 수 있다.

사례 ▶

43세 김지원 부장은 15년간 몸담은 중소기업의 수직적인 의사결정 구조와 보수적인 업무 방식에 한계를 느꼈다. **"40대 중반이 되니 이직도 쉽지 않았고, 이대로 은퇴할 때까지 변화 없이 일하고 싶지는 않았어요."** 처음에는 이직을 고민했지만, 먼저 자신의 팀에서부터 변화를 시도하기로 했다. 20대 후반의 젊은 직원들과 50대 베테랑들이 공존하는 팀의 특성을 살려 주간 회의에서 모든 팀원이 자유롭게 의견을 내도록 장려했다. **"나이와 직급에 관계없이 좋은 아이디어는 바로 실행에 옮겼죠. 경영진을 설득하는 과정도 쉽지 않았지만, 실질적인 성과를 보여주니 점차 신뢰를 얻을 수 있었어요."** 2년간의 꾸준한 노력 끝에 그의 팀은 회사의 혁신 모델이 되었고, 전사적 변화의 시발점이 되었다. **"중년이라고 변화를 두려워할 필요는 없어요. 오히려 우리의 경험이 변화를 이끄는 데 큰 자산이 됐습니다."

선택한 환경

현재의 환경이 자신의 가치나 목표와 맞지 않을 때, 우리는 새로운 환경을 선택할 수 있다. 때로는 과감한 선택이 필요할 때도 있다.

사례 ▶

구글코리아 전무였던 정김경숙은 자신의 커리어에서 가장 과감한 선택을 했다. "**한국에서는 전무로서 내 편도 많고, 인맥도 많았지만 더 이상의 성장이 없다고 느꼈어요.**" 그녀는 52세의 나이로 구글 본사의 신입사원으로 다시 시작하기로 결심했다. 처음에는 영어로 진행되는 빠른 회의 속도를 따라가기 힘들었고, 본사에서는 아무도 자신을 모르는 상황이었다. 그녀는 '90일 동안 100명 만나기' 프로젝트를 시작했다. "**매일 새로운 사람들을 만나며 테이블을 만들어 형광펜으로 체크해가면서 제가 어떤 일을 하고 싶은지, 어떤 가치를 추구하는지 알리려고 노력했어요.**" 하루 3~4시간씩 영어 공부를 하고, 아침 5~6시에 일어나 이메일을 확인하고 10km를 달리면서 영어 오디오북을 들었다. "**회의에서는 항상 첫 번째로 질문하려 노력했어요. 처음에 질문하면 열심히 듣고 있다**

는 인상을 줄 수 있거든요." 그녀의 이런 노력으로 결국 비원어민 최초로 구글 본사 글로벌 커뮤니케이션 디렉터가 되었다.[5]

구축한 환경

기존 환경을 받아들이거나 떠나는 것 대신, 새로운 환경을 만들어내는 선택이다. 이는 전적으로 혼자만의 노력에 의지하기보다는 보통 뜻을 같이하는 사람들과의 협력이 필요하다.

사례 ▶

경력 단절 여성들이 모여 만든 '맘스케어'는 육아와 일을 병행할 수 있는 새로운 근무 환경을 만들었다. 재택근무와 시간제 근무를 기본으로 하고, 사내 어린이집을 운영하며, 육아 경험을 경력으로 인정하는 독특한 인사 시스템을 도입했다. 이들의 모델은 여러 기업의 벤치마킹 대상이 되었다.

환경을 대하는 당신의 선택

당신이 마주한 환경이 무엇이든, 당신에게는 그 환경에 대한 대응 방식을 선택할 권리가 있다. 다음 질문에 답하며 내 삶의 다음 단계를 그려보자.

1. 내가 현재 처해 있는 상황은 주어진, 선택한, 구축한 환경 중 어떤 환경인가?

2. 현재의 환경에 대한 나의 만족도는 어느 정도인가(10점 만점)? 왜 그러한 점수를 주었는가?

3. 나는 이 환경에서 어떤 선택을 할 수 있는가?

- 이 환경 안에서 어떠한 변화를 만들어낼 것인가?

- 새로운 환경을 찾는다면, 그 새로운 환경은 어떤 모습인가?

- 새로운 환경은 어딘가에 존재하는 선택의 문제인가? 아니면 내가 하나씩 구축해야 하는 것인가?

- 다른 이들과 협력이 필요하다면 어떻게 협력할 것인가?

4. 각각의 선택에서 예상되는 어려움과 극복 방안은 무엇인가?

5. 나의 선택이 장기적으로 어떤 결과를 가져올 것인가?

이 방법론을 거쳐간 사람들의 이야기

이 책에서 다루는 방법론들은 인간이라면 누구에게나 있는 휴먼에 이전시, 즉 주체성 또는 주도적 삶의 결과물이다. 구체적으로 자아성찰, 미래사고, 목적의식, 실행의 결과물이다. 검증된 이론을 잘 적용한다면 연령대와 상관없이 기대되는 결과가 나온다.

사례 1 ▶

현재 30대 중후반인 이석화 씨는 2013년에 모로코에서 이 방법론을 적용한 수업을 들었다. 그는 보쉬Bosch라는 회사에서 인턴십을 하고 인사 분야에서 정직원으로 채용된다는 내용을 계획했고, 실제로 그렇게 되었다. 현재는 쿠팡에서 인사담당자 역할을 수행하고 있다.

사례 2 ▶

모로코에서 인적자원개발을 전공한 와파Wafaa는 여러 나라에서 일하고, 런던에서 석사학위를 받은 후 호텔 인사관리 분야에서 일하겠다는 계획이 있었다. 10년이 지난 지금, 와파는 아랍에미리트의 두바이에서 로레알L'Oréal의 중동지역 인재 개발 매니저로 일하고 있다. 호텔업계는 아니지만, 그녀의 미적 성향과 로레알의 분위기가 잘 맞는다.

사례 3 ▶

켄자Kenza는 중국에서 석사학위를 한 후, 컨설턴트로 여러 나라를 여행하고, 35세에 자신의 작은 컨설팅회사를 만든다는 목표가 있었다. 10년이 지난 지금, 켄자는 계획했던 대학에서 석사학위를 받았고, 모로고의 맥킨지 컨설팅에서 4년간 일한 후 2023년에 독립하여 여러 나라를 오가며 경영컨설팅을 하고 있다.

이 사례들의 공통점은 자신의 미래를 구체적으로 그려보고, 그것을 향해 꾸준히 나아갔다는 점이다. 반드시 처음 그린 그림과 정확히 일치하는 결과를 얻지는 못했을지라도, 자신의 본질적 가치와 지향점을 발견하고 그것을 향해 나아가는 추진력을 얻었다.

중년이 꾸는 꿈은 구체적이고 현실적일 가능성이 크다. 현실도 알고, 무엇이 가능할지도 가늠이 가능한 나이다. 구체적이고 현실적으로 그린다면 실현될 확률이 더 높다. 20대의 꿈보다는 소박하더라도 더 만족스러운 삶을 위해, 이제 당신 차례다.

다음 장에서는 에니어그램이라는 성격유형 체계를 통해 우리의 변하지 않는 근본적인 성격 특성을 이해하고, 더 효과적인 시크릿 에이전트로 거듭나는 방법을 살펴볼 것이다.

2장

타고난 나의 성격 이해하기
에니어그램 성격유형

사람의 성격은 개인의 행동, 사고방식 그리고 감정을 결정짓는 중요한 요소이다. 그러나 우리는 종종 "나는 왜 이런 행동을 할까?" 또는 "타인은 왜 나와 다를까?"라는 질문에 부딪히곤 한다. 이러한 의문에 답을 제시하는 도구 중 하나가 9가지 성격유형을 다룬 **에니어그램**Enneagram이다. 에니어그램은 단순히 성격을 분류하는 것이 아니라, 인간의 내면 깊은 곳에 자리한 **동기와 감정적 원천**을 탐구하여 자기 이해와 성장을 돕는 강력한 도구이다.

　현대의 에니어그램은 다음과 같은 도식으로 표현된다. 다음 그림을 참고하며 앞으로 다룰 내용을 이해하도록 하자. 에니어그램은 유형별로 별칭이 있지만, 각 유형의 특성을 온전히 드러내지 못하므로 처음에는 별칭으로 기억하더라도 점차 번호로 의사소통하는 것이 일반적이다.

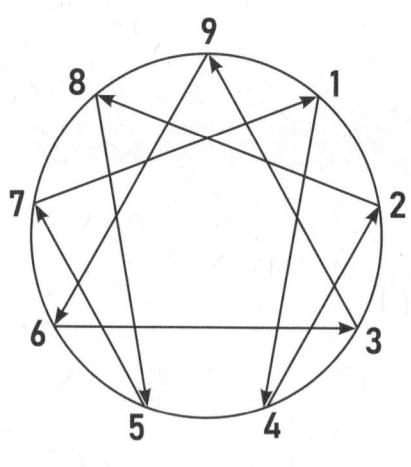

|그림 2| 에니어그램

다음은 각 유형별 간단한 소개이다.

유형	별칭	간단한 소개
1번	개혁가, 완벽주의자, 원칙주의자	원칙과 이상을 중시하며, 공정하고 윤리적인 세상을 만들기 위해 노력하는 사람
2번	조력가, 지원자, 돌봄 제공자	타인을 돕고 관계를 중요하게 여기며 사랑받고자 하는 욕구가 강한 사람
3번	성취자, 성공을 추구하는 사람	목표 지향적이고, 성공과 이미지를 중시하며 성과를 추구하는 사람
4번	개성추구자, 예술가, 낭만주의자	자신만의 독창성과 정체성을 중시하며, 깊은 감정을 가진 예술적인 사람
5번	탐구자, 관찰자, 분석가	지식과 이해를 중시하며, 세상의 원리를 탐구하고자 하는 사람
6번	충성가, 안전을 추구하는 사람, 신뢰받는 사람	안전과 신뢰를 중요하게 여기며, 위험을 대비하고 타인과의 유대를 중시하는 사람
7번	열정가, 즐거움을 추구하는 사람, 모험가, 낙천주의자	새로운 경험과 즐거움을 추구하며, 삶을 긍정적으로 즐기는 사람
8번	도전자, 힘을 추구하는 사람, 리더	힘과 자율성을 중시하며, 자신과 타인의 권리를 보호하는 리더
9번	화합가, 중재자, 평화주의자, 조화와 평화를 추구하는 사람	조화를 중시하며 갈등을 피하고, 평화롭고 안정된 환경을 추구하는 사람

에니어그램은 어떤 도구인가?

에니어그램보다 널리 알려진 MBTI는 행동의 표면적인 특성을 다루는 경향이 있는 데 반해, 에니어그램은 행동의 원천적인 동기를 다룬다. MBTI는 16개의 유형이고 에니어그램은 9개의 유형이어서 더 단순하다고 볼 수도 있지만, 훨씬 지속적이고 깊은 내용들을 다룬다. 리소-허드슨은 《에니어그램의 지혜》라는 책을 통해 각 유형별로 성숙 수준을 9가지로 나누었고, 뒤에서 소개할 각 유형별 날개의 개념까지 더하면 9개의 유형은 162가지로 늘어난다. 그리고 이 책에서는 다루지 않는 부속 유형까지 다룬다면 486가지의 다양한 형태가 나타나게 된다. 따라서 모든 사람을 9개 중 하나로 규정해 속박해서는 안 되며, 사람들은 저마다 모두 다르다는 전제 하에 접근해야 한다.

조직개발의 대가로 알려진 에드거 샤인Edgar Schein은 사람은 배를 정박시킬 때 사용하는 닻anchor처럼 일과 관련된 경험에서 전문성, 도전, 기업가적 창의성, 봉사와 헌신 등 시간이 지나도 일관되게 지향하는 것이 있고, 이를 커리어 앵커Career Anchor라는 용어로 8가지로 유형화했다. 이는 에니어그램의 성격유형과 닮아 있는데, 우리가 일과 관련하여 끊임없이 추구하는 핵심 동기인 대전제는 바뀌지 않는다는 점에서 공통점이 있다. 커리어 앵커와 에니어그램의 관계는 2004년 나의 석사학위 논문을 통하여 조명한 바 있다.[6] 예를 들면, 커리어 앵커에서 자율/독립을 추구하는 특성은 에니어그램 4번 유형에서 가장 두드러졌고, 안정과 안전을 추구하는 특성은 에니어그램 6번이 가장 높았다. 고위 관리직으로 올라가는 것을 중시하는 특성은 에니어그램 3번 유형에서 가장 높았다.

에니어그램의 묘미는 타고난 성격을 다루기에, 관심을 기울이고 관찰을 잘한다면 어린아이들의 에니어그램 성격유형까지 유추할 수 있다는 것이다. 어릴 때부터 타고난 성향을 잘 활용하도록 북돋워주고, 장점은 부각하고, 부정적 특성을 다루는 방법에 대해 깨칠 수 있도록 잘 이끌어준다면 좀 더 아이들이 살 만한 사회가 될 수 있다.

에니어그램은 성장의 도구로 영적, 신체적, 정서적 통합을 추구하는 사람들로부터 체계화되고 계승되었다. 현대에는 문화와 종교를 초월하여 커리어, 육아, 관계 개선, 리더십 도구로 활용되고 있다. 이 책은 에니어그램을 전문적으로 소개하는 책이 아니기에 LifeCraft 목적에 부합하는 정도로만 활용할 것이다. 그리고 추가적으로 도움될 만한 자료들을 안내하는 정도로 하되, 뒤에 나오는 장과 긴밀히 이어지는 방식을 취할 것이다. 각 유형에 대해서 자세히 아는 것은 뒷단에 공유하게 될 웹사이트나 시중에서 구할 수 있는 책을 통해서 하길 권한다.

에니어그램의 기본 개념

에니어그램의 기본 개념은 여러 가지가 있지만 그중에서도 3가지 힘의 중심, 날개, 통합과 분열의 방향을 이해하고 넘어가는 것이 중요하므로 여기서 설명하고자 한다. 다음의 내용을 읽을 때, 자신의 특성과 관련 있다고 생각하는 것에는 ○표 등을 하여 적극적으로 자신과 대화하듯 읽어 내려가기를 추천한다.

3가지 힘의 중심 Center

에니어그램은 인간의 에너지 중심을 3가지로 구분한다. 본능/장腸 중심, 가슴/심장 중심, 그리고 머리/두뇌 중심이다. 각 중심은 서로 다른 방식으로 세상을 인식하고 반응하며, 각각 특별한 지혜와 도전과제를 가지고 있다.

1. **본능/장腸 중심(8, 9, 1번 유형)**
   - 기본 감정: 분노
   - 주요 관심사: 생존, 영역, 경계, 힘의 사용
   - 특징: 직관적 판단과 본능적 반응을 중시하며, 즉각적인 행동

지향적
- 도전과제: 과도한 통제나 수동성 극복

2. 가슴/심장 중심(2, 3, 4번 유형)
- 기본 감정: 불안
- 주요 관심사: 관계, 성취, 이미지
- 특징: 감정과 관계를 중시하며, 타인의 반응에 민감
- 도전과제: 타인의 인정에 대한 과도한 의존 극복

3. 머리/두뇌 중심(5, 6, 7번 유형)
- 기본 감정: 두려움
- 주요 관심사: 지식, 안전, 계획
- 특징: 사고와 분석을 중시하며, 미래에 대한 준비 지향적
- 도전과제: 과도한 사고와 걱정의 극복

각 중심의 균형과 통합은 개인의 성장에 매우 중요하다. 건강한 발달을 이룬 사람은 3가지 중심을 모두 조화롭게 사용할 수 있게 된다.

나의 중심 파악

다음 사례들을 보며, 당신의 첫 반응은 무엇인지 떠올려보라. 중심을 파악하는 것은 나의 유형 파악에도 도움이 되니, 다음의 사례에서 나의 반응은 어느 중심에 가까운지를 표기해보자. 예를 들어, 다음 2가지 사례에서 모두 본능에 가까운 반응을 보였다면, 당신의 에니어그램 성격 유형은 8, 9, 1번 중 하나일 가능성이 크다.

> **사례 1 ▶ 식당에서의 불친절한 서비스**
>
> - **본능 중심**: "이런 서비스는 용납 못 해!"라며 즉각 항의하거나 다시 오지 않겠다고 결심한다. 직관적이고 행동 중심적이다.
> - **가슴 중심**: "내가 뭐 잘못했나? 서버가 나를 무시하는 것 같아 너무 속상해"라며 감정적 상처를 받는다. 주변 사람들을 의식하며 현 상황에 민망해하는 경향이 있다.
> - **사고 중심**: "왜 이런 서비스를 제공하지? 주방이 바쁜가? 교육이 안 됐나?"라며 상황을 분석한다. 리뷰를 써서 개선을 요구할지, 매니저에게 이야기할지 여러 대안을 검토한다.

사례 2 ▶ 승진 기회가 주어졌을 때

- **본능 중심**: '이 역할로 내가 원하는 영향력을 낼 수 있을까?'를 생각하며 직관적으로 판단한다. 실질적 권한에 초점을 맞춘다.
- **가슴 중심**: 인정을 받아 내심 기쁘면서도 '동료들이 내 승진을 어떻게 볼까?'라며 관계와 인정을 걱정한다. 사회적 이미지에 민감하다.
- **머리 중심**: '이 포지션의 장단점은? 5년 후 경력은?'이라는 질문을 던지며 철저히 분석한다. 위험과 가능성을 검토한다.

날개Wing의 이해

에니어그램에서 날개란 자신의 기본 유형 양옆에 있는 두 유형 중 하나의 특성이 더 강하게 나타나는 현상이다. 예를 들어, 1번 유형이라면 9번과 2번의 성격 특성을 활용하기 용이한데, 주로 사용하는 특성이 9번이라면 '1번에 9번 날개'라고 표현한다.

1번에 9번 날개는 평화 추구 성향이 결합하여 더 차분하고 내성적인 성향을 보인다. 반면 1번에 2번 날개는 완벽주의와 이타적 성향이 결합하여 더 적극적이고 사람들과 교류하며 도움을 주려는 성향이 강하다.

날개가 균형적으로 발달한 사람들도 있지만, 대개는 한쪽으로 치우쳐 있다. 기본 유형의 장점은 살리되, 상황에 따라 양쪽 날개의 특성을 잘 활용하는 것이 진정한 성숙이다.

▶ 통합과 분열의 방향

에니어그램에서는 각 유형이 스트레스를 받거나(분열), 안정된 상태(통합)일 때 특정 방향으로 이동하는 경향이 있다. 특정 유형에서 화살표 방향은 분열의 방향이고, 화살표의 반대 방향은 통합의 방향이다. 통합일 때는 에너지가 옮겨간 유형의 긍정적인 특성, 분열일 때는 에너지가 옮겨간 유형의 부정적인 특성을 보이게 된다.

예를 들어보자.

- 9번 유형은 스트레스 상황에서 6번의 부정적 특성(불안, 의심)을 보이고, 안정된 상황에서는 3번의 긍정적 특성(자신감, 효율성)을 보인다.
- 3번 유형은 스트레스 상황에서 9번의 부정적 특성(무기력, 회

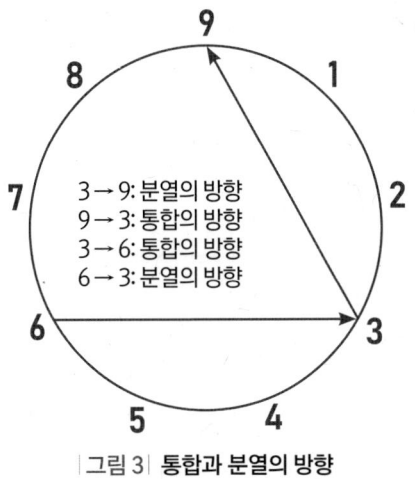

| 그림 3 | **통합과 분열의 방향**

피)을 보이고, 안정된 상황에서는 6번의 긍정적 특성(협력, 헌신)을 보인다.

통합과 분열의 방향을 이해하는 것은 매우 중요하다. 이를 통해 우리는,

- 스트레스 상황에서 자신이 보일 수 있는 부정적 행동을 미리 인지하고 대비할 수 있다.
- 건강하고 안정된 상태에서 발현될 수 있는 긍정적 특성을 의식적으로 개발할 수 있다.
- 현재 자신이 어떤 상태에 있는지 더 잘 이해하고 필요한 조치를 취할 수 있다.

에니어그램의 활용 목적

에니어그램의 목적은 성격유형으로 자신이나 타인을 규정하기 위함이 아닌, 통합과 자신이 타고난 것을 초월하는 경지에 다다르기 위함이다. 타고난 에너지의 흐름을 이해하면 더 효율적으로 삶을 긍정적인 방향으로 이끌 수 있다.

우리는 서로 다르고 저마다 다른 동기와 가치를 갖고 있다는 것을 앎으로써 나와 타인에게 더 관대해질 수 있다. 조직 환경에서는 각 유형에서 선호하는 일이나 업무 환경이 다르므로, 자신에게 맞는 환경을 찾아가면 개인과 조직 모두 윈-윈 할 수 있다.

그러나 맹신은 금물이다. 에니어그램 특정 유형 내에서도 매우 다양한 모습이 나타난다. 또한, 사람은 성장하기도, 퇴보하기도 한다. 누군가를 어떤 유형이라고 확신하거나 넘겨짚지 말고, 나의 잣대나 나의 가치로 타인과 지식을 옭아매지 말자.

에니어그램은 나 자신이 특정 유형이라는 확신이 들 때, 비로소 해당 유형이 된다. 아무리 신뢰도와 타당도가 높은 진단 도구라도 결정할 수 있도록 선택지를 좁혀줄 수는 있어도 100% 정확하게 에니어그램 유형을 판별해줄 수는 없다. 나의 타고난 성향에 대한 솔직한 내면과의 대화와 주체적 판단이 중요하다.

에니어그램 유형별 동기와 두려움

다음 표는 에니어그램 유형별 동기와 두려움에 대해 정리한 것이다. 나의 동기나 두려움을 대변한다고 생각하는 단어에 ○표를 해보자. 동기는 3개, 두려움은 5개로 제한해 표시하고, 가장 많은 표시가 있는 유형이 자신의 유형일 가능성이 크다.

유형	동기	두려움
1번 (완벽주의자)	도덕적이고 올바르며 윤리적인 기준을 충족하려는 내적 압박감과 세상을 개선하려는 열망	부정확함, 불공정, 무책임, 혼란, 실패, 비효율성, 부패, 무질서, 비윤리성, 불완전
2번 (도움을 주는 사람)	사랑받고 인정받으려고 하며, 타인을 돕고 지원함으로써 자신의 가치를 확인하려는 욕구	거절당함, 외로움, 배척, 무관심, 냉담, 소외, 불필요함, 무용성, 불신, 고립
3번 (성취자)	성공과 성과를 통해 사회적 존경을 얻으려는 욕구	실패, 무능력, 인정 부족, 비생산적, 낮은 성과, 무시, 무명, 좌절, 비효율성, 무관심
4번 (특별함을 추구하는 사람)	독창적이고 특별한 존재로 인정받고, 자신의 정체성을 표현하려는 욕구	평범함, 무시됨, 독창성 부족, 몰개성, 단조로움, 감정 무시, 정체성 상실, 무감각, 독립성 침해, 고립
5번 (탐구자)	지식과 정보를 통해 세상을 이해하고 독립적인 삶을 유지하려는 욕구	무지, 오해, 혼란, 논리 부족, 지식의 한계, 정보 차단, 무능력, 과소평가, 외부 간섭, 방해

6번 (안전을 추구하는 사람)	신뢰할 수 있는 환경과 안정성을 확보하려는 욕구	불안정, 배신, 혼란, 불확실성, 위험, 방치, 신뢰 부족, 위협, 두려움, 의심
7번 (즐거움을 추구하는 사람)	긍정적이고 즐거운 경험을 통해 삶의 고통을 피하려는 욕구	지루함, 제한, 단조로움, 실망, 고립, 부정, 제약, 실패, 억압, 좌절
8번 (도전하는 사람)	타인과 상황에 대한 강력한 통제권을 추구하며, 그것을 잃거나 약한 존재로 보이는 것을 피하려는 강한 욕구	무력함, 불의, 억압, 배신, 패배, 통제 상실, 불신, 약점 노출, 실패, 부정
9번 (평화를 추구하는 사람)	내적·외적 평화를 유지하고 갈등을 피하려는 욕구	갈등, 대립, 불화, 불안정, 긴장, 혼란, 거부당함, 강요, 스트레스, 배척

▶ 에니어그램 유형별 동기 기반 간이 진단

다음 간이 진단은 당신의 유형을 가늠해볼 수 있도록 만든 것이다. 유형별 동기와 회피 성향을 기반하여 문항을 만들고 검토했다. 다시 말씀드리지만, 에니어그램 유형은 진단에 전적으로 의지할 수 없으며, 60% 정도 맞을 수 있다는 생각으로 접근하는 것이 좋겠다.

다음 문항이 자신을 얼마나 잘 나타내는지에 대해 1점(전혀 그렇지 않다)부터 5점(매우 그렇다)까지 점수를 매겨보자. 에니어그램은 타고난 성향을 파악하는 것이 목적이다. 따라서 답을 할 때, 해당 문항이 나의 모습인지 긴가민가하다면 사회의 규범이나 직장에서의 규칙, 일하는 방식 등에 대한 영향을 비교적 덜 받은 시기인 10대 후반이나 20대 초반으로 돌아가서 답을 하도록 하자. 동점이 나올 경우에도 이 기준으로 점수를 조정하도록 하자.

에니어그램 유형 진단

유형	문항	점수(1~5)	점수 합계
1번	나는 항상 도덕적이고 윤리적인 기준을 충족하려고 노력한다.		
	나의 행동이 옳고 공정한지를 계속해서 점검한다.		
	세상을 더 나은 곳으로 만들고 싶다.		
	나는 실수하거나 부족함이 드러나는 것을 매우 싫어한다.		
	완벽함을 추구하는 것이 내게 중요하다.		
2번	나는 다른 사람을 돕는 것을 즐겨한다.		
	타인으로부터 사랑받고 싶다는 욕구가 크다.		
	내가 누군가에게 필요하다는 느낌을 받을 때 만족감을 느낀다.		
	타인에게 도움을 줌으로써 관계를 강화하려고 노력한다.		
	사랑받지 못하거나 필요하지 않은 존재가 되는 것이 두렵다.		

3번	나는 항상 목표를 설정하고 그것을 달성하려 노력한다.	
	사회적으로 성공적인 이미지를 보여주는 것이 중요하다.	
	나는 타인에게 존경받기를 원한다.	
	나는 실패하거나 무능력하다는 인상을 주는 것을 두려워한다.	
	나는 성과와 이미지 관리를 중요하게 여긴다.	
4번	나는 내가 특별하고 독창적인 존재라고 느끼고 싶다.	
	깊고 강렬한 감정이 내 삶에서 중요하다.	
	평범하게 느껴지는 것이 매우 불편하다.	
	나만의 독창성을 표현하려고 노력한다.	
	나는 진정한 자아를 찾는 것이 삶에서 가장 중요한 목표 중 하나다.	
5번	나는 새로운 지식을 배우고 탐구하는 것을 좋아한다.	
	스스로 독립적이고 자급자족하는 삶을 살고 싶다.	
	나의 에너지와 자원이 고갈되는 것이 두렵다.	
	세상의 원리를 이해하려고 깊이 생각하는 편이다.	
	지식을 통해 나 자신을 보호하려고 노력한다.	

6번	나는 항상 신뢰할 수 있는 구조와 안정된 환경을 찾는다.	
	내가 속한 공동체에 충실하려고 노력한다.	
	미래에 일어날 수 있는 위험을 항상 대비하고 싶다.	
	나는 배신당하거나 위험에 처하는 것을 두려워한다.	
	안전과 신뢰가 나에게 가장 중요한 가치이다.	
7번	나는 항상 새로운 경험과 흥미로운 기회를 찾는다.	
	삶의 고통과 불편함을 피하려고 노력한다.	
	긍정적이고 즐거운 환경을 선호한다.	
	나는 자유와 다양성을 매우 중요하게 여긴다.	
	삶이 지루하거나 제한적이라고 느끼면 불편하다.	
8번	나는 힘과 자율성을 유지하는 것이 중요하다고 생각한다.	
	내 사람들의 권리와 나의 권리를 강력하게 보호하려고 한다.	
	통제권을 가지지 못하는 상황을 피하고 싶다.	
	나는 자신의 취약점을 노출하는 것이 두렵다.	
	나는 강력한 리더로서 영향력을 행사하고 싶다.	

9번	나는 항상 내적·외적 평화를 유지하려고 노력한다.	
	갈등을 피하고 조화로운 관계를 형성하는 것이 중요하다.	
	나는 불필요한 마찰을 최대한 피하려고 한다.	
	주어진 환경에 순응하며 안정감을 찾는 편이다.	
	내가 무시당하거나 중요하지 않은 존재로 여겨지는 것이 두렵다.	

나의 주요 유형

- 가장 높은 점수를 받은 유형: _____ 번 (___점)
- 두 번째로 높은 유형: _____ 번 (___점)

가장 높은 점수를 받은 유형이 당신의 기본 성격 유형일 가능성이 크다. 또한, 당신의 양옆에 있는 번호 중 점수가 더 높은 유형이 당신의 날개일 확률이 높다. 해당 유형이 어느 중심에 속해 있는지도 파악해보자. 동점이 나왔을 경우에는 유형별 설명을 자세히 읽으며, 내면과 솔직한 대화를 통해 더 자신에게 맞는다고 확신하는 유형을 찾도록 하자.

점수 해석

- 21~25점: 해당 유형의 특성이 매우 강함
- 16~20점: 해당 유형의 특성이 강함
- 11~15점: 해당 유형의 특성이 보통
- 5~10점: 해당 유형의 특성이 약함

에니어그램 각 유형 이해하기

이 책에서는 각 유형에 대한 자세한 설명은 생략하고 당신이 스스로 에니어그램에 대해 더 깊이 이해할 수 있도록 주요 인터넷 사이트를 안내하고자 한다. 서적은 한글로 번역되거나 한국인 저자가 출간한 것들로,《에니어그램의 지혜》를 포함하여 다수가 있다.

인터넷 사이트

인터넷 사이트의 경우 주로 영문 사이트를 기재했는데, 이유는 광고가 별로 없고 한글 자료보다 훨씬 더 체계적으로 정리되어 있기 때문이다. 요즈음은 구글 번역기(https://translate.google.com) 등 번역기가 워낙 잘되어 있으므로, 두려움 없이 탐색하길 바란다. 필요시 ChatGPT 등에 복사하여 붙여넣기를 해도 한글로 거의 완벽에 가깝게 번역해준다.

● 에니어그램 테스트

72개 문항으로 이뤄진 무료 에니어그램 테스트가 제공되며, 번역기를 거치지 않고도 한국어가 자동으로 선택되어 보인다. 유형별 기초자료와 유형에 대한 설명이 간략하게 되어 있다. 검사 후에 결제를 요구하는 창이 나오기도 하는데, 이는 무시하고 '에니어그램 테스트' 메뉴를 클릭하면 어떤 유형인지를 나타내는 결과가 표시된다.

● 에니어그램 인스티튜트

이 웹사이트에서는 유형별 성숙 수준에 대해 좀 더 살펴볼 수 있다. 또한, 다른 유형과 헷갈릴 경우 이를 명확화할 수 있는 도움을 준다.

● Personality Path

각 유형에 대해 성장 방향과 함께 상세한 설명이 있으며, 주요 인물 등이 삽화로 그려져 있다.

- The Narrative Enneagram

이 책에서 소개하지는 않았지만 에니어그램의 심화 과정으로 들어가면 배울 수 있는 내용인 부속 유형subtype에 대해 유형별로 소개되어 있어 좀 더 심층적인 자기 이해가 가능하다. 예를 들어, "같은 유형인데, 왜 이리 다른가", "시간이 지나며 유형이 바뀌지 않는가?" 등 자주 묻는 질문에 대한 자세한 답변도 있어 들여다보길 권한다.

▶ 나의 유형에 대해 배운 점

앞에서 소개한 여러 웹사이트를 통해 자신의 유형에 대해 배운 점을 기록해보자.

내 유형: _____ 번

항목	배운 점
힘의 중심	
활용 가능한 날개 유형	

통합의 방향, 평온한 상태의 행동 특성	
분열의 방향, 스트레스 상태의 행동 특성	
자아 이미지	
해당 유형 중 유명인, 그들의 특성	
집착	
열광하는 것	
회피하려는 것	
장점	
단점	
유형에 맞는 일	
유형에 맞는 업무 환경	
성숙도에 따라 어떠한 행동 특성을 보이는가?	

자, 자신의 에니어그램 번호의 특성을 이해했으니, 실제로 나는 어떠한지를 좀 더 구체적으로 성찰해볼 시간이다. 다음 질문에 대한 나의 답변을 기록해보자.

질문	답변
나의 성숙도는 어느 정도라고 보는가?	
나는 일반적인 유형의 특성을 보이는가? 어떤 점에서 유사하고, 어떤 점에서 다른가?	
내가 주로 쓰는 날개는 무엇인가?	
나의 기본 유형과 날개 이외에 내가 주로 활용하는 유형이 있다면 무엇이며, 어떤 영향 때문에 그런 것 같은가?	
나는 어느 수준에 도달하고자 하며, 어떤 집착을 극복하고 싶은가?	
내가 다른 사람과 갈등이 있었다면 어떤 것 때문에 그랬다고 생각하는가?	
여태까지 경험한 것 중에 가장 행복했던 일들을 떠올려보자. 그 경험들이 내 유형의 특성과 어떠한 관련이 있는가?	
내가 바라는 이상적인 모습으로 나아가기 위해서는 나는 어떤 것을 극복해야 하고, 어떤 유형의 장점을 배우면 좋을까?	

팀워크에 에니어그램 적용

팀워크에서는 각 구성원의 고유한 성향을 이해하고 활용할 때 최상의 결과를 얻을 수 있다. 다음 표에 에니어그램을 활용한 최상의 팀워크에 대한 하나의 안을 제시했다. 에니어그램 유형들에 대한 이해를 기반으로 각 유형이 해당 역할에 적합한 이유에 대해서도 기록해보자.

팀에서의 역할	적합한 유형	해당 유형이 적합한 이유
창의적 아이디어 제안	7번	
제안에 대한 분석과 논리적 기초 확보	5번	
새로운 차원의 영감으로 세련화	4번	
목표 설정, 동기부여, 효율적 방안 제시	3번	
역경을 맞서고 계획을 강력히 추진	8번	
위험 예견과 충실한 실행	6번	
배려와 지원의 분위기 조성	2번	
전반 업무 추진 과정 검토와 품질 관리	1번	
갈등 해결/좋은 인간관계 유지에 공헌	9번	

이 안은 절대적인 것이 아니며, 같은 유형이라도 개인의 성숙 수준과 경험에 따라 다른 역할에서도 충분히 뛰어난 성과를 낼 수 있다. 중요한 것은 각자의 강점을 인식하고 이를 팀에 기여하는 방향으로 활용하는 것이다.

마무리: 이 책에서의 에니어그램 활용

이 책에서 에니어그램은 자신의 독특성을 자각하는 시작으로 활용하고, 유형 자체에 고착되기보다는 이 세상에 유일무이한 나 자신의 정체성에 대한 자각을 촉진하는 도구로 활용한다. 다음 장부터는 스스로의 이야기를 통해 자신의 정체성을 공고히 하는 작업을 이어갈 것이다.

3장

인생 테마 및 강점 도출하기

이 장에서는 2가지 중요한 작업을 진행한다. 첫째는 삶에 반복적으로 나타나는 인생 테마를 발견하는 것이고, 둘째는 구체적인 강점들을 도출하는 것이다. 두 활동 모두 자신의 삶의 이야기를 통해 정체성의 핵심 부분을 찾는다는 공통점이 있다. 인생 테마는 앞으로도 반복될 가능성이 크며, 강점은 발현될 수 있는 환경을 주도적으로 찾고 가꿔나가야 한다. 각각의 활동이 종료된 이후에 자신의 에니어그램과 연결해 성찰해보기 바란다.

▶ 인생 테마 찾기

준비하기

인생 테마란 우리 삶에서 반복적으로 나타나는 패턴이나 주제를 말한다. 예를 들어 '새로운 것에 대한 도전'이나 '타인을 돕는 것'이 테마가 될 수 있다. 이러한 테마를 발견하면 우리가 무의식적으로 추구해온 삶의 방향을 이해하고, 앞으로의 선택을 더 의미 있게 만들 수 있다.

인생 테마를 찾는 작업은 혼자서는 하기 어렵다. 우리는 자신의 이야기에 너무 익숙해서 그 속의 패턴을 발견하기 어렵기 때문에 이야기를 경청하고 패턴을 발견해줄 파트너가 필요하다. 파트너는 다음과 같은 특성을 가진 사람이 좋다.

- 진정성 있게 경청할 수 있는 사람
- 비판적이지 않고 수용적인 태도를 가진 사람
- 1시간 정도의 충분한 대화 시간을 낼 수 있는 사람
- 우리의 성장을 진심으로 응원하는 사람

배우자, 가족, 친한 친구, 신뢰하는 동료 등이 좋은 파트너가 될 수 있다. 파트너를 구할 수 없다면 생성형 AI를 활용하는 것도 도움이 된다. 사람을 통해 도출한 내용을 생성형 AI에게 공유하고 검증하거나 새로운 통찰을 얻는 것 또한 적극 권장한다.

인생 테마 도출하기

인생 테마를 발견하는 가장 효과적인 방법 중 하나는 우리 삶에서 반복되는 패턴을 찾는 것이다. 이를 위해 먼저 서로 다른 것들 간의 공통점을 파악하는 연습부터 시작해보자.

자, 첫 번째 활동으로 '우산'과 '스마트폰'의 공통점은 무엇일까? 다음의 리스트를 보기 전에 먼저 스스로 도출해보도록 하자.

- 둘 다 휴대하는 것
- 필요할 때 활용함
- 생활 필수품
- 다양한 스타일과 디자인이 존재
- 가격대가 다양함
- 소지하지 않으면 불편함
- 잃어버리기 쉬움
- 대여해주기도 함

공통점 찾기 연습을 하나 더 해보자. 이제는 직업편이다. 우리는 어린 시절 다양한 직업을 꿈꿔왔다. 나의 경우는 건축가를 생각해보기도 했고, 방송 프로듀서를 희망 직업으로 쓰기도 했고, 무역을 쓰기도 했고, CEO를 꿈꾸기도 했다. 초등학생 때는 공군 대장이 꿈이었다. 이들 간에 공통점이 있을까? 이는 나의 발현이기 때문에 '나'라는 공통점이 있을 수밖에 없는데, 이를 관통하는 것은 무엇일까? 그것은 정체성 혹은 지향성이라고 볼 수 있다.

다음 직업들 간 조합의 공통점을 찾아보자. 그리고 내가 경험했거나 희망했던 직업들 간의 공통점을 찾아보도록 하자.

공통점 찾기 연습: 직업편

직업	공통점 기록
'수중다이버'와 '무대 연출가'	
'농부'와 '화가'	
나의(희망) 직업 1(　　)과 직업 2 (　　)	

이해를 돕기 위해 첫 번째 예시에 대한 공통점은 다음과 같다.

- 특수한 작업 환경에 맞는 적응력 필요
- 다른 사람들과 협력 필수
- 특수장비 활용
- 위기 상황에 신속한 대처 중요
- 세밀한 계획 필요
- 현장에서의 체력과 기술 요구
- 남들에게 감동을 전달함

나의 인생 테마: 인터뷰

이제 연습이 끝났으니, 본격적으로 자신의 인생 테마를 찾아보자. 다음 질문들*을 파트너로 하여금 당신에게 하도록 요청하고, 최대한 자세히 내용을 탐색하도록 한다. 인터뷰 도중에 공통점을 찾아가면 테마들을 도출해나갈 수 있다. 인터뷰를 해주는 파트너는 내용과 핵심 동기를 파악하기 위해 추가 질문들을 하는 것도 좋다. 많은 경우, 놀랍게도 비슷한 동기와 가치관 등이 내재된 내용이 반복 등장한다. 다음의 표에 내용을 기술해보도록 하자. 인터뷰 마지막에는 인터뷰 중에 나온 내용들 중 반복되는 패턴을 요약하여 테마로 정리하고, 그 관련된 내용들을 정리하도록 하자.

인터뷰를 진행하며 주의할 점은 앞서서 공통점 찾기 연습을 한 것처럼, 답변들 간의 공통점을 예리하게 찾아서 내용을 듣는 족족 기존에 들었던 내용들과 연결시키는 노력을 하는 것이다. 질문 1의 답변들 간 공통점이 있을 수 있고, 질문 1과 질문 3의 답변들 간에 공통점이 있을 수 있다. 이러한 공통점이 발견되면 잠시 쉬며 공통점을 나 자신(인터뷰 대상자)의 언어로 기록해보도록 하자.

---

* 이 질문들은 진로상담 분야에서 권위자인 마크 사비카스(Mark Savickas) 교수의 진로구축인터뷰(Career Construction Interview; CCI)에 기반하여 만들어졌으며, 각색되었다. 상담가에 의해서 이러한 질문들이 활용되도록 안내되고 있지만, 지난 15년간 대학생 및 성인들에게 활용하도록 한 결과, 훈련받지 않은 그들도 전문가처럼은 아니어도 자신의 특성을 파악할 정도는 도출할 수 있었다.

나중에 7~8개의 공통점, 즉 테마가 도출될 수도 있는데, 유사한 것은 합쳐서 자신을 더 잘 대변하는 언어로 기술해보자. 경험적으로 보았을 때, 4~5개 정도의 테마를 도출하는 것이 적당하다.

| 질문 1 | 존경하는 사람이 누구입니까? 어떤 사람의 삶을 닮고 싶습니까? 되고 싶은 무엇이든 될 수 있다면, 어떤 사람이 되고 싶으십니까? 어떤 점에서 그 사람과 당신이 비슷합니까? 또 어떻게 다릅니까?

이름	설명	비슷한 점	다른 점

| 질문 2 | 어떤 잡지, 책, TV 쇼, 유튜브 비디오 채널을 즐겨 봅니까? 그 이유는 무엇인가요?

(**팁**: 같은 유튜브 채널을 구독하더라도 사람마다 즐기는 이유가 다르니, 그 사람만의 이유를 찾아보자.)

명칭	즐기는 이유

| 질문 3 | 자유시간에 어떤 것을 즐겨 합니까? 취미는 무엇인지요? 그러한 취미들의 어떤 점이 즐거움을 가져다주는지요?

취미	이런 점이 좋다

| 질문 4 | 당신이 좋아하는 문구나 모토, 노래 가사, 혹은 좌우명이 있다면요?

| 질문 5 | 중·고등학생 때 좋아하던 과목 3가지를 알려주세요. 어떤 과목을 싫어했습니까? 싫어한 이유는 무엇 때문인가요? 좋아하는 과목은 무엇인가요? 왜 그 과목을 좋아했나요? 하나하나 말씀해주세요.

좋아했던 과목	이유	싫어했던 과목	이유

| 질문 6 | 지금 떠오르는 가장 어렸을 적 기억이 무엇입니까? 3살에서 6살 사이에 일어났던 일 중에 떠오르는 3가지가 어떤 것인지요? 그때의 상황을 기억할 수 있는 한 자세히 공유해주세요*(부정적인 기억이든 긍정적인 기억이든 관계없습니다).

	간략한 제목	주요 내용 및 기억나는 이유(당시의 강한 감정, 생각 등)
기억 1		
기억 2		
기억 3		

* 이 질문을 했을 때, 긍정적인 경험에 대해 답변하는 경우도 있지만, 힘들었던 일이나 상처받았던 일을 공유하는 경우도 많다. 사비카스 교수는 초기에 이를 아들러의 개인심리학과 연계하여 열등감의 극복과 유사한 방향으로 해석했다. 예를 들어, 어린 시절 왕따를 당한 경험이 있는 사람들 중에는 타인은 자신과 같은 경험을 하지 않기를 바라는 마음에 사람들을 공정하고 친절하게 대하려고 노력하는 사람들도 있다. 이를 사비카스 교수는 '사람들은 어린 시절 수동적으로 겪어내야만 했던(suffer) 것들을 살면서 적극적으로 완성(master)해나간다'라고 표현하곤 한다. 다른 예를 들자면, 학교 폭력으로 자녀를 잃은 부모가 학교 폭력 예방 지킴이로 나서는 것, 혹은 극심한 가난을 경험한 사람이 자수성가하여 부자가 되려는 명확한 목표를 갖고 이뤄내는 것과 같다. 어떤 면에서 상처 혹은 한은 삶의 원동력이 되는 것이다.

나의 삶의 주제: 인생 테마 도출

자, 이제 당신의 이야기를 상대방과 함께 분석하여 테마를 도출해 보도록 하자.

테마명	관련 내용

도출된 테마가 당신의 에니어그램 성격유형의 특성과 어떠한 관련이 있는가?

여기서 도출된 인생 테마를 추가하거나 수정 혹은 통합할 것이 있는가? 이 수정·통합 작업을 할 때, 에니어그램 성격유형도 고려해보자.

_____

_____

_____

도출된 테마를 우선순위하고, 각 명칭 옆에 우선순위를 나타내는 숫자를 기록해보자.

_____

_____

_____

인생 테마 도출 사례

성찰을 위한 질문

1. 이 활동을 통해 도출된 인생 테마가 본인이 추구하는 삶, 혹은 본인의 삶을 얼마나 대변하고 있는가?

   ....
   ....

2. 만약 당신이 도출된 테마는 마음에 들지만, 현실과의 괴리가 있다고 생각한다면 어떤 부분 때문인가? 현실에서 어떤 점이 개선된다면 보다 나다운 삶을 살 수 있을까?

   ....
   ....

3. 향후 일을 선택할 때, 이번에 도출된 인생 테마가 어떻게 활용될 수 있을까? 어떠한 의식적인 노력을 기울여야 할까?

   ....
   ....

4. 이 활동을 통해 자신에 대해 더 알게 된 점이 있다면?

   ....
   ....

스토리를 통한 강점 발견

스토리를 통해 인생 테마를 발견했듯, 스토리를 통해 강점 또한 발견할 수 있다. 이 또한 파트너와 함께하는 인터뷰 활동으로 일상적인 대화보다 더 깊이 있는 자기 성찰을 가능하게 한다.

강점 찾기 인터뷰*는 다음과 같은 질문으로 시작한다.

> "일을 하면서 굉장히 만족감을 느꼈던 순간을 떠올려보세요. 그 결과는 당신이 기울인 노력의 결실이어야 합니다. 그 경험에 대해 처음부터 끝까지 당신이 무엇을 어떻게 했는지, 어떤 감정을 느꼈는지 이야기해주세요."

이 질문은 단순히 성공 경험을 묻는 것이 아니다. 여기서 중요한 것은 매우 성취감이 강했던 칙센트미하이가 이야기하는 플로우 Flow(몰입 또는 무아지경)의 상태에 이르렀던 경험을 묻는 것이다. 당신이 노력한 뭔가의 결과로 최상의 뿌듯함이나 기쁨을 누렸던 때는 언제인가? 그때를 회상하며 처음부터 끝까지 당신이 실행한 내

---

* 노먼 아문슨(Norman E. Amundson) 교수가 2003년에 출간한 《Active Engagement》라는 책에서 소개한 방법이다. 이 책에서는 이를 좀 더 체계화하여 이야기를 역량, 태도, 가치의 3가지 요소로 분석하도록 돕는다.

용과 그 결과를 공유하는 것이다. 예를 들어, 누군가는 팀 프로젝트에서 팀원들의 갈등을 해결하고 프로젝트를 성공적으로 이끈 경험을 이야기할 수 있다. 이 이야기 속에서 우리는 '관계 조정 능력', '갈등 해결 능력', '리더십' 등의 강점을 발견할 수 있다.

인터뷰할 때는 다음과 같은 점들을 주의하여 듣는다.

- 이야기 속에서 반복되는 행동 패턴은 무엇인가?
- 어떤 상황에서 특별한 열정이나 에너지가 느껴지는가?
- 어려움을 극복할 때 어떤 방식을 사용했는가?
- 성공적인 결과를 이끌어낸 핵심적인 행동이나 태도는 무엇인가?

나는 사람들에게 상대방의 이야기를 들으며 가치, 태도, 역량으로 나누어 강점을 분류해보라고 주문한다. 다음의 양식지를 활용하여 강점 찾기 인터뷰를 진행할 것을 권한다.

나의 잠재력 끌어올리기(강점 파악 인터뷰)

인터뷰 대상자

당신이 일을 하며 굉장히 만족감을 느꼈던 순간을 생각해보세요. 그 결과는 당신이 기울인 상당한 노력에 의한 것이어야 합니다. 해당 경험과 관련하여 당신이 무엇을 어떻게 했는지, 처음 시작부터 끝까지 무엇을 했으며 어떤 감정을 느꼈는지 말해주세요.

인터뷰어

이야기를 주의 깊게 들으세요.
개방적이고 비판적이지 않은 자세를 유지하세요.
인지된 강점을 마인드맵으로 그리거나 메모하세요.
일어난 일을 더 깊이 이해하기 위해 후속 질문을 하세요.
이야기가 공유되는 동안과 이후에 그것들을 가치, 태도 그리고 역량으로 분류하세요.

결과 정리

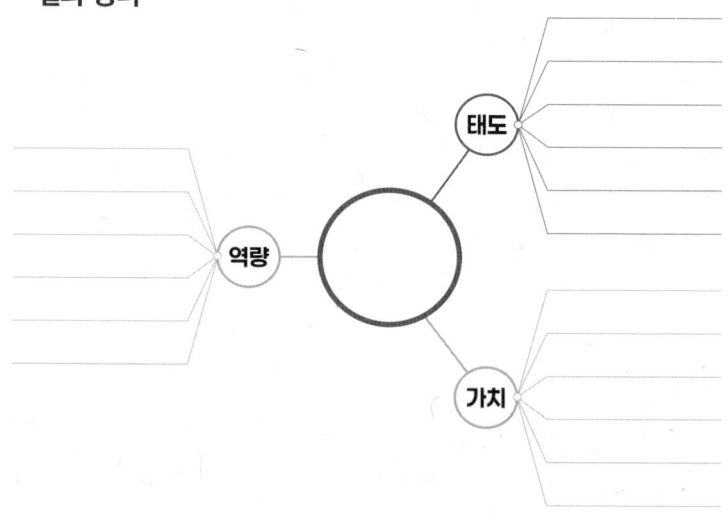

상대방에 대한 인터뷰를 진행할 때, 혹은 나의 스토리를 상대방과 공유하여 강점을 찾을 때 15개 이상의 강점을 찾도록 하는 것이 좋다. 대부분의 경우, 주의 집중한다면 10개 이상의 강점은 쉽게 찾을 수 있다. 맛보기로 짤막한 스토리를 공유하니 강점이라고 생각하는 부분에 ○표를 해보고, 찾은 강점들을 위의 마인드맵 형태로 짤막하게 요약해보도록 하자.

연습을 위한 사례 공유: 사람을 살리는 정훈장교

나는 ROTC 출신으로 포병장교로 임관했다. 나는 군인으로서의 주어진 사명과 더불어 나와 생활하는 병사들을 '준비된 사회인'이

될 수 있도록 한다는 개인적인 사명을 갖고 있었다. 소위에서 중위가 되었고, 관측장교에서 화력지원 장교로 업무를 수행하기 시작했다. 그 무렵, 나의 선배 기수들의 전역 시기가 다가왔고, 그분들이 떠나간 자리를 후배 기수들이 채워야 했다. 나의 사명과 가장 관련 있는 대대 내의 보직은 정훈장교라는 생각이 들어 선임 정훈장교께 의사를 비쳤고, 비공식으로 인수인계가 시작되었다. 그즈음, 나는 자원하여 사단에서 내려온 CD에 담긴 병사들의 심리를 측정하는 역할을 대대 차원에서 맡고 있었는데, 자살우려자나 복무 부적응자 등을 식별하는 것이었다. 대학 때 상담심리학을 듣기도 했고, 마침 내가 발표했던 주제인 '교류 분석'이란 것을 활용하는 심리 진단이었기에 재미도 있었다. 하지만 자살우려자로 식별해놓은 인원들이 10여 명 정도 되는데, 나는 그들에게 도움을 줄 수 있는 능력이 없어 약간의 무력감을 느끼기도 했다. 그즈음, 사단에서 지시가 내려왔다. 자살우려자로 식별된 인원들을 모아 놓으면 사단의 군종참모님께서 집단상담을 실시한다고 하셨다. 20시간이 넘는 마라톤 형태의 상담이 끝나고, 자살 충동을 느끼던 친구들이 해맑게 변해 있었다. 어떤 친구는 "박하사탕을 먹은 것처럼 속이 후련하다"라는 표현까지 했다. 나는 이것을 꼭 배워서 부대에서 활용하고 싶었다.

    인사철이 되었다. 나의 바람은 정훈장교로서 정신교육과 인성교육을 진행하며, 심리치료를 통해 자살사고를 예방하는 것이었다. 우리 부대의 정훈장교는 여단의 화력지원 장교로서 기계화보병 여단장님을 보좌하는 화력참모 역할까지 겸했다. 어느 날, 대대장님께서 나를 부르셨다. "윤 중위, 인사보좌관 해보는 것 어때?" 그토록 정훈장교를 생각하고 있었는데, 어안이 벙벙했다. 일단 대대장님의 뜻을 일거에 거스를 수는 없어서 "정훈장교를 생각하고 있었는데, 고민해보겠습니다"라고 답변을 드렸다.

며칠을 생각해봐도 정훈장교를 두고 인사보좌관으로서의 역할은 도저히 내키지 않았다. 곧 결정이 내려져야 하는 상황인데, 휴가를 앞두고 있어서 대대장님께 내가 얼마나 정훈장교 일을 잘하기 위한 준비를 했고, 집단 상담을 통해 부대의 사고 예방에 기여하고자 했는지를 어필하고 떠나고 싶었다. 대대장님을 뵙지 못하고 떠날 때를 대비하여 장문의 편지도 썼다. 휴가를 떠나기 직전, 편지를 가슴에 품고 대대장실을 찾았다. 대타로 들어온 당번병이 있었다. "대대장님 계시니?"라고 물으니 계신다고 했다. "혹시 못 뵐지 몰라서 편지를 준비해왔는데, 그냥 뵙고 가야겠다. 이 편지는 알아서 처리해줘(그냥 내가 버렸어도 될 일이었는데, 내가 왜 그랬는지 지금도 의문이다).''

대대장님과 대면을 하고, 편지에 적은 내용을 구두로 말씀드렸다. 대대장님은 그럼에도 불구하고 인사보좌관을 했으면 하는 바람이 있으셨다. 사실 집단상담 같은 거야 정훈장교의 공식 임무가 아니기도 했다. 사고 예방은 어쩌면 인사보좌관과 더 맞을 수도 있겠다 싶어서 "네, 인사보좌관 하겠습니다"라고 마음의 정리를 하고 휴가를 떠났다.

휴가에서 복귀했다. 그런데 부대가 난리가 난 듯한 느낌이었다. 선배 장교들이 내게 "너 큰일 났다", "대대장님이 화가 단단히 나셨다"라는 등의 언질을 주었다. 알고 보니 대타로 들어온 당번병이 편지를 처리하지 않았고, 원래 당번병이 '대대장님께'라고 적힌 봉투를 보고 그대로 대대장님 책상에 놓아둔 것이었다. "인사보좌관 하겠습니다"라고 떠났는데, 또 정훈장교 하겠다고 구구절절 쓴 편지를 보셨으니 거의 항명에 가깝다고 느끼셨을 것 같다는 직감이 왔다. 부리나케 대대장실로 가서 대대장님께 이건 의사소통 문제로 생긴 오해이고, 인사보좌관을 하겠다는 강한 뜻을 전달했다. 나는 재떨이가 날아오거나 최소한 꾸중을 들을 줄 알았는데, 이제는 대대장님께서 극구 말리셨다. "윤 중위, 윤 중위는 정훈장교 해야겠어. 얼마나 하고 싶었으면 편지까지 쓰고 휴가를 갔겠어. 대신, 우리 부대 사고 안 나게 하루에 한 시간씩 할애해서 집단상담 공부하고 자체 프로그램 돌려봐."

그렇게 정훈장교가 되었고, 사단 군종참모님을 찾아가서 게슈탈트와 교류 분석에 기반한 집단상담을 배웠다. 그리고 내가 활용하던 에니어그램과도 접목하여 장애인종합복지관과 연계한 프로그램을 만들어 집단상담 프로그램을 돌리게 되었다. 그들의 묵은 감정이 해소되었고, 장애 체험이나 장애인들과 함께하는 활동들을 하면서 이들의 힐링이 진행되었다. 전역하기 전까지 총 3번, 20시간이 넘는 집단상담 프로그램을 돌렸다. 이것이 알려져서 포병여단 내 모든 대대의 20여 명 상담 인력을 교육하는 집체교육을 진행하기도 했다. 우리 대대에서 시작하여 다른 대대로 확산된 것이다. 여단장님이 이를 치하하기 위한 방문을 하시기도 하셨다.

나는 수료자들과 매주 수요일 저녁 시간을 함께하며 자성예언 프로그램 등 감수성 훈련 프로그램을 진행했다. 그리고 그들은 자원하여 '선도사병'이 되기로 선택했다. 자살을 생각하던 상황에서 애로사항이 있는 병사들을 돕는 존재로, 명찰 위에 '선도' 마크를 달고 선도 일지도 적으며 당당히 활동하는 존재가 되었다. 포대별로 3~4명의 선도사병 공동체가 생겼다. 중위 말년 차에는 보통 취업 준비로 바쁜데, 나는 그보다도 이러한 활동에 흠뻑 빠져 있었다.

전역할 무렵, 야외에서 간부 회식이 있었다. 당시 서빙을 하던 병사 중 한 명이 내 프로그램을 거쳐간 선도사병이었다. 그 친구가 내게 와서 한마디했다. "정훈장교님, 정훈장교님으로 인해 제 인생이 바뀌었습니다." 전역할 무렵 들은 이 한마디는 내 인생에서 가장 황홀한 순간이었다. 이 순간은 지금도 이러한 일을 하는 원동력으로 작용한다.

결과 정리 예시

> **Tip** AI의 시대, 만약 당신의 최고의 순간을 인터뷰해줄 사람이 없다면, 이 이야기처럼 자신의 이야기를 글로 적어보자. 그리고 AI에게 가치, 태도, 역량으로 구분하여 장점을 파악해달라고 부탁하자.

나에게 맞는 환경 찾기

자신의 스토리를 통해 찾은 당신의 가치, 태도, 역량을 최대한 혹은 자주 발현할 수 있도록 만들어주는 환경은 무엇인가? 그 환경은 지금 처해 있는 상황 속에 있을 수도 있고, 새로운 환경이거나 앞으로 만들어갈 환경일 수도 있다. 자유로이 기술해보도록 하자.

_____

_____

_____

_____

_____

4장

삶의 가치와 직업적 가치의 도출

▶ 가치 탐색에 들어가며

이전 장들에서 우리는 "나는 누구인가?"라는 질문에 답하기 위해 다양한 방식으로 과거 스토리, 강점, 성격, 인생 테마 등을 살펴보았다. 이러한 탐색 중에서도 한층 더 근본적인 질문이 바로 "나는 무엇을 중요하게 여기는가?"이다. 무엇이 중요한지를 안다는 것은 나다운 삶을 설계하고 살아가는 데 있어 핵심이 되는 의사결정 기준을 명확히 세우는 작업이다.

가치는 우리가 살아가면서 무엇을 추구할지, 어떤 방향으로 선택하고 행동할지를 이끄는 근본적 동기이며, 동시에 타인과의 상호작용에서도 중요한 역할을 한다. 이를 명확히 알수록 우리는 자신의 삶을 좀 더 확신 있게 이끌 수 있게 된다.

로키치의 가치 체계와 그 응용

미국의 사회심리학자 밀턴 로키치Milton Rokeach[7]는 인간이 추구하는 가치를 크게 2가지로 구분했다.

- 궁극적 가치Terminal Values: 각자가 일생을 통해 달성하고자 하

는 가장 바람직한 상태를 의미한다. 예를 들어 '내적 조화', '행복', '자유', '사회정의' 등이 이에 해당한다.
- 수단적 가치Instrumental Values: 목표달성을 위해 노력할 때 일상에서 의도적으로 선택하여 활용하고자 하는 태도나 행동양식이다. 예를 들어 '정직', '책임', '개방성', '유능함' 등이 대표적이다.

책의 전반부에서 이미 소개했듯이 가치란 나다움과 희망적 삶을 실현하는 데 핵심 기반이 된다. 로키치가 제안한 가치 목록 외에도 현대사회에서는 '재정적 자유'나 '지속 가능성' 등 새롭게 부각되는 가치들이 추가되기도 한다.

삶의 가치, 어떻게 발견하고 정리할까?

삶의 가치를 구체적으로 찾기 위해서는 스스로에게 다음과 같은 질문을 던져볼 수 있다.

1. "지금까지 중요한 결정을 내릴 때, 무엇을 가장 우선적으로 고려해왔는가?"
2. "지난 1년 혹은 몇 년 동안, 나를 가장 기쁘게 하거나 보람을

느끼게 한 경험은 무엇인가?"
3. "어떤 상황에서 가장 큰 분노나 실망을 느꼈는가? 그 원인은 무엇인가?"

또한, 이 책에서 제시한 가치 목록이나 카드 분류 활동을 활용하여 가치 항목을 직접 분류해볼 수도 있다. '매우 중요함', '중요함', '어느 정도 중요함', '중요하지 않음' 4가지 기준으로 나눠보면, 내가 진정으로 중시하는 것들이 자연스럽게 드러난다.

직업 가치의 규명

'직업 가치'는 우리가 직업 혹은 일의 맥락에서 우선시하는 요소들이다. 경제적 보상, 성취, 대인관계, 자율/독립, 공헌, 워라밸Work-Life Balance 등은 대표적인 직업 가치의 예시다.

직업 가치의 예를 들자면, 다음과 같은 가치들을 꼽을 수 있다.

- **성취**: 목표달성을 통해 성취감과 만족감을 느낄 수 있는 것
- **워라밸**: 일과 개인 생활의 조화를 유지할 수 있는 것
- **기여**: 내가 하는 일이 사회나 조직에 어떤 변화를 만들고 있다고 느끼는 것

- **안정성**: 고용 안정, 안정적 수입 등 불확실성 최소화를 중시

예를 들어, "나는 조직 내에서 인정받고 싶다"라는 욕구가 강하면 인정을 중요한 직업 가치로 볼 수 있다. 반면 "나는 자유롭게 일하고 싶다"라는 마음이 크다면 자율성을 최우선 가치로 설정할 수 있다.

▶ 가치 탐색 활동
: 궁극적, 수단적, 직업 가치의 통합적 발견

여기까지 삶의 가치와 직업적 가치를 살펴보았다. 이제 당신이 직접 체험할 수 있는 가치 탐색 활동을 시작해보자. 이를 통해 당신이 인생에서 진정 중요하게 여기는 가치를 확인하고, 앞으로의 방향을 설정하는 데 도움을 받을 수 있을 것이다.

가치 분류하기

다음 가치 목록을 살펴보며, 각 가치가 자신에게 얼마나 중요한지

생각해본 후 각 가치를 4점 척도(매우 중요, 중요, 다소 중요, 중요하지 않음)로 분류한다. 이때 4가지 척도에 가치를 균등하게 분류하도록 노력한다.

> **Tip** 각 가치 간의 우선순위를 정하는 것이 어려울 때는 A4 용지를 8등분이나 16등분하여 보다 중요한 가치끼리, 혹은 보다 중요하지 않은 가치끼리 쓰면서 분류해보면 수월할 수 있다. 덜 중요한 것을 버리는 형식으로 하는 것이 좀 더 쉽다.

삶 전체의 맥락을 고려해 궁극적 가치 3개, 수단적 가치 3개, 직업 가치 3개를 최종적으로 고른다. 그런 다음 워크시트(112쪽)에 각 가치가 자신에게 왜 중요한지 적는다.

궁극적 가치

번호	가치	설명
1	가족의 안전	가족 구성원들이 위험으로부터 보호받고 안정적으로 생활하는 것
2	개인적 성장	자기 개선, 학습, 잠재력 개발에 집중하는 것
3	건강과 웰빙	신체적, 정신적, 정서적으로 균형잡힌 상태를 유지하는 것
4	국가의 안전	자신이 속한 국가가 외부 위협으로부터 보호받고 사회가 안정되는 것

5	글로벌 시민의식	세계 공동체에 대한 소속감과 책임감을 갖는 것
6	내적 평화	마음의 고요함과 정서적 균형을 통해 삶의 만족감을 얻는 것
7	사회적 정의	공정하고 평등하며 정의로운 사회를 바라는 것
8	성숙한 사랑	상호 존중과 헌신을 바탕으로 한, 깊고 지속적인 관계를 경험하는 것
9	성취감	목표를 달성하고 자신의 노력에서 만족과 보람을 느끼는 것
10	아름다운 세상	자연, 예술, 삶의 경험에서 미적 가치를 발견하고 소중히 여기는 것
11	영성	물질적 세계를 넘어 초월적 존재나 의미에 대한 연결과 믿음을 추구하는 것
12	인정	타인으로부터 존중과 존경을 받는 것
13	자유	외부 제약 없이 스스로 선택하고 결정하여 삶을 영위할 수 있는 것
14	재정적 자유	돈에 대한 걱정 없이 원하는 바를 선택하고 실행할 수 있는 능력을 갖는 것
15	즐거움	기쁘고 만족스러운 경험과 순간들을 추구하는 것
16	지속 가능한 환경	미래 세대를 위한 생태계 보전에 기여하는 것
17	지혜	경험과 학습을 통해 올바른 판단력과 통찰력을 기르는 것
18	진정성	타인의 시선보다 자신의 가치관과 신념에 따라 솔직하게 살아가는 것
19	진정한 유대	상호 신뢰와 존중을 바탕으로 깊이 있는 관계를 형성하고 유지하는 것

번호	가치	설명
20	편안한 삶	스트레스와 불안이 적고 안락함과 여유가 있는 생활을 유지하는 것
21	평화로운 세상	갈등과 분쟁이 없고 상호 협력과 이해가 넘치는 사회를 바라는 것
22	행복	일상에서 기쁨과 만족감을 느끼며 의미 있는 삶을 살아가는 것
23	혁신	기존 방식을 개선하고 새로운 해결책을 만들어내는 창의적 사고를 중시하는 것
24	흥미진진한 삶	새로운 경험과 도전을 통해 활기차고 역동적인 일상을 만들어가는 것

수단적 가치

번호	가치	설명
1	개방성	새로운 아이디어와 다양한 관점을 받아들이며 증거에 따라 견해를 수정할 수 있는 것
2	겸손	자신을 낮추고 타인으로부터 배울 자세를 갖는 것
3	공감	타인의 감정과 상황에 공명하고 그에 맞게 반응하는 것
4	관용	자신과 다른 견해나 행동에 대해 마음이 불편하더라도 널리 이해하고 수용하는 것
5	규율	일정한 원칙과 규칙에 따라 일관된 행동을 유지하는 것
6	논리적 사고	체계적이고 합리적인 추론 과정을 통해 결론에 도달하는 것
7	도움	다른 사람의 필요를 인식하고 어려움을 해결해주는 것
8	반응성	상황이나 요구에 빠르고 민감하게 대응하는 것
9	상상	현실을 넘어선 새로운 가능성들을 마음속에 그려보는 것

10	신뢰성	약속을 지키고 일관된 행동으로 다른 사람이 의지할 수 있는 것
11	야망	꿈을 크게 갖고 그것을 이루려는 노력을 하는 것
12	용기	두려움이나 어려움 앞에서도 올바른 행동을 선택하는 것
13	유능함	맡은 일을 효과적이고 숙련되게 처리할 수 있는 능력을 갖는 것
14	인내	어려운 상황에서도 참고 견디며 포기하지 않는 것
15	자기 주장	자신의 의견과 권리를 명확하고 당당하게 표현하는 것
16	자기 통제	충동과 감정을 조절하여 균형잡힌 행동을 하는 것
17	적응력	변화하는 환경에 맞춰 유연하게 자신을 조정하는 것
18	존중	타인의 인격과 권리를 소중히 여기고 배려하는 것
19	주도성	스스로 앞장서서 행동하고 기회를 만들어가는 것
20	지적 활동	학습과 사고를 통해 지식과 이해를 넓혀가는 것
21	진실성	거짓이나 가식 없이 사실을 말하며, 겉과 속이 일치하는 것
22	창의성	기존과 다른 참신한 아이디어와 해결방안을 만들어내는 것
23	청결·정돈	생활 공간을 위생적이고 질서 있게 정리하여 안전과 효율을 높이는 것
24	충성	특정 대상이나 가치에 대한 변함없는 헌신과 의리를 지키는 것
25	책임	맡은 역할을 끝까지 수행하고 결과를 수용, 관리하는 것
26	친절	타인에게 따뜻하고 배려 깊은 마음으로 대하는 것
27	협력	공동 목표달성을 위해 다른 사람들과 조화롭게 함께하는 것
28	회복력	실패나 좌절에서 빠르게 일어나 다시 도전하는 것

직업 가치

번호	가치	설명
1	감독 기회	팀원들을 이끌고 관리할 수 있는 리더십 경험을 얻는 것
2	공정성	조직구성원들이 공평하고 정의로운 대우를 받으며 일할 수 있는 것
3	관계	동료 및 상사와 긍정적인 인간관계를 형성할 수 있는 것
4	워라밸	일과 개인 생활의 조화를 유지할 수 있는 것
5	급여	충분한 경제적 보상을 제공받는 것
6	공헌	자신의 일을 통해 의미 있는 영향력을 발휘하고 가치를 더하는 것
7	다양성	다채로운 업무와 책임을 경험할 수 있는 것
8	도전	어려운 과제를 통해 자신의 능력을 시험하고 발전시킬 수 있는 것
9	자율·독립	과도한 간섭 없이 스스로 업무를 수행할 수 있도록 보장받는 것
10	명성	사회적으로 인정받는 직책이나 조직을 통해 존경받을 수 있는 것
11	성취	목표달성을 통해 성취감과 만족감을 느낄 수 있는 것
12	승진	조직 내에서 더 높은 지위와 책임을 맡을 기회를 얻는 것
13	안전/안정	위험하지 않고 안정적인 근무 환경과 고용을 보장받을 수 있는 것
14	여행(출장)	업무를 통해 다양한 지역을 방문하는 것
15	지리적 위치	출퇴근이 편리하고 생활에 적합한 근무지에서 일할 수 있는 것

16	유연성	근무 시간이나 장소 등을 융통성 있게 선택할 수 있는 근무 조건
17	윤리	윤리적 원칙이 잘 지켜지고 도덕적으로 올바른 환경에서 일할 수 있는 것
18	인정	자신의 노력과 성과에 대해 적절한 평가와 감사를 받을 수 있는 것
19	작업 적합성	개인의 능력과 성향에 맞는 업무를 담당할 수 있는 것
20	작업 조건	쾌적하고 효율적인 물리적 근무 환경을 제공받는 것
21	전문성 개발	특정 분야의 전문가로 성장할 수 있는 학습 기회를 얻는 것
22	지지적 상사	격려와 지원, 건설적 조언을 해주는 상급자 밑에서 일할 수 있는 것
23	창의성	자유로운 발상과 독창적인 아이디어를 발휘할 수 있는 것
24	팀워크	동료들과 협력하여 공동의 목표를 달성할 수 있는 것
25	혁신	새로운 방법이나 기술을 도입하여 실질적인 변화를 만들어 낼 수 있는 것

가치 작업 워크시트

가치 분류 작업이 끝났으면, 각 영역에서 자신의 상위 3가지 가치를 기록하고 각 가치가 왜 중요한지 설명해보자.

궁극적 가치 Terminal Values

가치	이 가치가 나에게 어떤 의미가 있는가?

수단적 가치 Instrumental Values

가치	이 가치가 나에게 어떤 의미가 있는가?

직업 가치 Work Values

가치	이 가치가 나에게 어떤 의미가 있는가?

성찰을 위한 질문

다음의 질문에 답을 하며, 궁극적, 수단적, 직업 가치를 분류한 결과에 대해서 성찰해보자.

1. **전체적 영향**: 이번 가치 탐색을 통해 삶과 일에 대한 이해가 어떻게 달라졌는가?

   _____
   _____

2. **변화의 가능성**: 새롭게 명확해진 가치들을 바탕으로 앞으로의 목표나 취미, 관계에서 조정이 필요한 부분이 있는가?

   _____
   _____

3. **경력과의 부합**: 나의 직업 가치는 현재의 직업 또는 앞으로의 경력 계획과 얼마나 일치하는가?

   _____
   _____

4. **여가 활동과의 조화**: 현재 즐기고 있는 취미나 여가 활동은

내 핵심 가치와 얼마나 잘 맞는가?

_____

_____

5. **가족 및 관계에서의 역할**: 식별된 가치가 가족과의 관계나 결혼, 자녀와의 관계에 어떤 영향을 미치는가?

_____

_____

6. **가치 기반의 갈등 해결**: 지금 겪고 있는 갈등이 가치의 차이에서 비롯된 경우, 이를 어떻게 해결할 수 있을까?

_____

_____

7. **직업 가치의 실천**: 나의 직업 가치를 제대로 실현할 수 있는 환경이나 역할은 어떤 것인가?

_____

_____

8. **추가적인 깨달음**: 가치 탐색을 통해 예상치 못한 새로운 발견이나 통찰이 있었는가?

9. **다음 단계의 실천**: 발견한 가치를 일상생활과 미래 계획에 어떻게 구체적으로 반영할 것인가?

▶ 가치와 인생 테마, 가치와 성격의 관련성

가치와 인생 테마의 접점

지금까지 인생 테마를 도출하기 위해 과거 스토리나 전환점이 된 사건들을 살펴보았다면, 이제 그 테마가 어떠한 가치들과 맞닿아 있는지 돌아볼 차례다. 예를 들어 '도전'이라는 테마가 있는 사람이라면 '흥미진진한 삶', '혁신', '용기' 등이 중요한 가치가 될 가능성이 크다.

인생 테마가 '성장'이라면 '개인적 성장'과 '창의성' 같은 가치들이 테마를 뒷받침한다. 반대로 테마와 상충하는 가치는 없는지

(예: '안정 추구 vs 새로운 변화/도전') 점검해보면, 향후 목표와 선택에서 일관성을 높이거나 혹은 균형점을 찾는 데 도움이 된다.

가치와 성격(에니어그램 등)의 시너지

우리는 이미 에니어그램을 통해 자신이 어떤 기본 성향을 지니고 있는지 살펴보았다. 가치관은 이러한 성격적 경향성과 상호작용한다. 예를 들면,
- 에니어그램 2유형(도움을 주는 사람)은 '도움', '친절' 같은 수단적 가치를 가장 중요하게 여길 수 있다.
- 에니어그램 3유형(성취형)이라면 '성취', '인정' 등을 직업 가치로 가장 먼저 꼽을 확률이 높다.

물론 이는 일반적인 경향일 뿐, 사람마다 다르게 나타날 수 있다. 중요한 것은 자신이 선호하는 가치와 성격 특성이 조화를 이루는지, 그리고 혹시 충돌을 일으키는 부분은 없는지 살펴보는 과정이다. 이 조합을 통해 '나다운 희망적 삶'을 구현하는 실천 전략을 찾을 수 있다.

▶ 가치를 활용한 직업 탐색 방법

가치 기반 커리어 설계의 필요성

앞 장들에서 우리는 인생 후반전을 위한 '일'의 중요성을 강조했다. 그렇다면 내게 맞는 일을 탐색하는 과정에서 '가치'는 구체적으로 어떻게 작용할까? 만약 '창의성'이 최우선이라면 일상적으로 새로운 아이디어를 발휘할 수 있는 직무나 조직을 찾아보는 것이 현명하다. 반면 '안정성'이 가장 중요하다면 일의 형태(정규직/계약직), 조직 규모, 업종 전망 등을 고려하여 선택하는 편이 좋다.

5단계로 보는 '가치 중심' 직업 탐색 프로세스

1. 가치 우선순위 확인
- 우선순위 활동을 통해 정리한 '궁극적·수단적 가치+직업 가치' 리스트를 바탕으로 "이것만큼은 절대 타협할 수 없다"라는 '핵심 가치'를 3~5개 정도 추려본다.

2. 가능한 직업/진로 아이디어 열거

- 해당 핵심 가치를 고려했을 때, 생각나는 진로 옵션을 떠올리고 기록해본다. 생성형 AI를 활용하여 가치 작업한 결과를 제공하고, 대략의 경력을 공유한 뒤 진로 아이디어를 추천받아본다.

- 현재 직장 안에서의 이동, 업종 간 이동, 사내·사외 프로젝트, 프리랜서, 자원봉사 등 여러 가지 옵션을 떠올려본다.

3. 고용24, O*Net 같은 직업정보 사이트를 참조하여 혹시 놓치고 있는 것은 없는지 파악한다.

[고용24 직업심리검사를 활용한 직업 가치 탐색(국문)]

① 고용24(기존 워크넷) 웹사이트에 접속하여 성인용 직업 가치관 검사를 실시한다(https://tinyurl.com/KRcareerassessments).

고용24
직업심리검사

② 고용24에서는 다음 9가지 항목으로 이뤄진 가치 우선순위 활동을 지원한다.

  1. 사회적 공헌 | 2. 변화 지향 | 3. 성취 | 4. 경제적 보상 | 5. 자기계발 | 6. 일과 삶의 균형 | 7. 사회적 인정 | 8. 자율성 | 9. 직업 안정

③ 응답한 내용에 기반하여 우선순위 가치를 확인하고, 추천된 직업 목록과 각 직업의 세부 사항을 클릭하여 나의 가치와의 일치도를 확인한다.

④ 직업의 업무 내용, 근무 환경 및 요구 역량을 나의 가치 및 관심사와 비교하며 진로를 탐색한다.

[O*NET을 활용한 직업 가치 탐색(영문)]

① O*NET 온라인 웹사이트에 접속한다(https://www.onetonline.org/).

② 화면의 Browse by O*NET Data라고 되어 있는 섹션에서 'Work Values(직업 가치)' 옵션을 선택한다. 여기서는 성취Achievement, 독립Inpedendence, 인정Recognition, 관계Relationships, 지원Support, 그리고 업무 조건Working Conditions 등의 6개 선택지만 주어진다.

O*NET
직업 가치 탐색

③ 자신이 중요하게 여기는 직업 가치 항목을 체크하고 검색을 실행한다.

④ 결과로 나타난 직업 목록 중 관심 있는 직업을 클릭하여 상세 내용을 확인한다.

⑤ 해당 직업의 업무 환경, 관련된 기술 및 요구사항 등을 통해 나의 가치와 부합하는지 점검한다.

4. 가치와의 부합 여부 평가

- 열거된 아이디어나 선택지들을 하나씩 살펴보면서 "이 아이디어가 나의 핵심 가치를 얼마나 충족시키는가?"를 5점 척도로 점검해본다.
- 핵심 가치와 충돌하거나 거의 충족이 어려운 아이디어는 우선순위에서 낮춰도 좋다.

5. 우선순위 재정렬 후 탐색/실행

- 점수가 높게 나온(=가치 부합도가 높은) 2~3가지 아이디어를 선정해 더 구체적으로 알아보거나 시범적으로 경험해본다(예: 해당 직무 종사자를 인터뷰, 관련 강의·세미나 참석 등).

가치 충돌 시의 대처법

실제 삶에서는 한 개인 안에서도 가치가 충돌하기도 한다. 예를 들어, '안정성'과 '모험'을 동시에 중시하는 사람이 있을 수 있다. 이 경우, 충돌하는 두 가치를 100 대 0으로 구분하기보다 "자신에게 맞는 균형점은 어디인가?"를 찾는 태도가 중요하다. 한 직무에서는 안정적 요소를, 또 다른 활동(예: 주말 취미활동)에서 모험적 자극을 얻는 식으로 조합해볼 수 있다.

마무리: 가치는 삶과 일의 나침반

삶의 가치(궁극적·수단적)와 직업 가치가 명확해지면 의사결정의 순간마다 기준점을 세울 수 있게 된다. "나에게 정말 중요한 것은 무엇인가?"를 스스로 묻고, 그에 맞춰 선택하고 행동한다면 인생 후반전을 준비하는 과정에서 더 큰 안정감과 방향성을 얻을 수 있을 것이다.

- 삶의 가치는 우리의 궁극적 목표와 행동 원칙을 정의한다.
- 직업 가치는 일을 통해 이루고자 하는 구체적인 욕구와 조건을 의미한다.
- 인생 테마와 성격은 가치와 만나 더욱 선명한 자기 이해와 커리어 비전을 형성하게 돕는다.
- 가치 중심 커리어 탐색은 자신이 진정으로 원하는 '나다운 일'을 찾는 효과적인 방법이다.

이제 4장에서 도출된 가치들을 토대로 다음 장을 시작으로 나만의 사명Mission과 비전을 설계하거나, 구체적 커리어 옵션을 모색하는 과정으로 나아가보자. 가치가 분명해졌다면 실제 행동의 단계마다 "이것이 나의 핵심 가치를 얼마나 충족시키는가?"라는 질문을 던지는 습관을 들이길 권장한다. 그 질문이 바로 여러분의 라이프크래프트 여정에서 흔들리지 않는 나침반이 되어줄 것이다.

제2부

사명 설정 및
나의 공간적 확장

5장

한 문장으로 내 사명 선언문 만들기

사명 선언문: 통합의 시간

지금까지 우리는 자기 자신에 대한 여러 측면을 살펴보았다. 에니어그램을 통해 타고난 성격 특성을 파악했고, 인생 테마와 강점을 도출했으며, 삶의 가치를 명확히 했다. 이제 이 모든 발견과 통찰을 하나로 통합하여, 당신의 고유한 사명을 명확히 표현할 시간이다. 사명 선언문은 당신이 누구인지, 무엇을 위해 살아가는지, 어떻게 세상에 기여하고 싶은지를 함축적으로 담아낸 삶의 나침반이다.

사명 선언문의 힘

사명 선언문은 왜 그토록 강력한 도구일까? 하버드 비즈니스 리뷰의 연구에 따르면 명확한 목적의식을 가진 사람은 그렇지 않은 사람보다 직업 만족도가 높고, 스트레스와 번아웃에 더 잘 대처하는 경향이 있다.[8] 특히 주목할 점은 자신의 사명에 개인의 강점이 통합되어 있을 때 그 효과는 더욱 커진다는 사실이다. 갤럽은 매일 자신의 강점을 활용하는 사람들이 그렇지 않은 사람들보다

업무 몰입도가 6배, 삶의 질은 3배 이상 높다고 보고했다(Gallup, 2021).9)

사명 선언문은 다음과 같은 강력한 효과를 가진다.

- **명료성과 초점**: 삶의 혼돈 속에서 나아갈 방향을 명확히 한다.
- **동기부여와 에너지**: 어려운 시기에도 앞으로 나아갈 힘을 준다.
- **의사결정의 길잡이**: 크고 작은 선택에서 일관된 기준을 제공한다.
- **자기 인식과 성장**: 자신의 가치, 강점, 목적에 맞는 성장 방향을 제시한다.

▶ 지금까지의 발견 통합하기

사명 선언문을 작성하기 전에 지금까지의 발견을 한곳에 모아보자. 다음 표에 1~4장에서 발견한 핵심 요소들을 정리해보자.

영역	주요 발견
에니어그램 유형	(당신의 유형과 주요 특성)
인생 테마	(도출된, 우선순위가 높은 인생 테마 3~5개)
주요 강점	(강점 인터뷰에서 발견한 가치, 태도, 역량 중 핵심적인 것 3~5개)
궁극적 가치	(가장 중요한 궁극적 가치 3개)
수단적 가치	(가장 중요한 수단적 가치 3개)
직업 가치	(가장 중요한 직업 가치 3개)

▶ 통합적 질문에 답하기

이제 앞에서 정리한 요소들을 바탕으로 다음 질문들에 깊이 생각하며 답해보자. 이 답변들이 사명 선언문의 재료가 될 것이다.

1. **내가 가장 열정을 느끼는 활동은 무엇인가?** ⇨ 인생 테마와 강점을 고려하여 답변
2. **나는 어떤 방식으로 세상에 가장 의미 있는 기여를 할 수 있는가?** ⇨ 강점과 가치를 연결하여 답변
3. **나는 어떤 사람들이나 대상을 위해 봉사하고 싶은가?** ⇨ 인생 테마와 가치를 연결하여 답변

4. <u>나의 에니어그램 유형이 가장 건강하게 발현될 때 어떤 모습인가?</u> ⇨ 에니어그램 유형의 통합된 모습 고려
5. <u>내 삶의 마지막에 어떤 유산을 남기고 싶은가?</u> ⇨ 궁극적 가치와 연결하여 답변

▶ 사명 선언문이 의미 있는 삶을 이끄는 방법

사명 선언문은 단순한 구호나 다짐이 아니라 삶의 방향을 설정해주는 나침반이다. 전환점마다 흔들리는 우리에게 사명은 중심을 잡아주고, 목적을 향해 나아가는 내면의 힘이 된다. 거창한 사명만이 의미 있는 것이 아니다. 작고 조용한 실천이라 하더라도, 그것이 나다운 삶을 가능하게 하고 타인에게 긍정적인 영향을 준다면 충분히 의미 있다. 다음은 각기 다른 분야에서 자신의 사명을 바탕으로 삶을 실천해온 사례들이다.

오프라 윈프리

오프라 윈프리의 사명은 "전 세계 여성과 아이들을 이끌고, 교육하고, 고양하고, 영감을 주며, 권한을 부여하여 각자가 최고의 삶을 살고 자신의 위대함을 실현할 수 있도록 돕는 것"이다.[10] 이

사명은 그녀의 방송 활동과 자선사업의 핵심 원칙이 되었다.

말랄라 유사프자이

노벨 평화상을 수상자인 말랄라의 사명은 "모든 소녀가 12년 동안 무상으로, 안전하게 양질의 교육을 받을 수 있도록 하는 것"이다.[11] 16세에 유엔에서 연설하며 세계 소녀들의 교육권을 대변했고, 말랄라 기금을 통해 교육 프로그램에 투자하며 실질적인 변화를 이끌고 있다.

테슬라

"전 세계의 지속 가능한 에너지로의 전환을 가속화한다"[12]라는 사명하에 AI를 적극 활용하며 전기차를 넘어 태양광, 에너지 저장, 자율주행, 로봇 등 다양한 영역으로 확장해왔다. 테슬라는 기업의 사명이 실제 기술과 전략으로 실현될 수 있음을 보여준다.

복잡한 기술과 공급망을 통합하며 수직 계열화를 이루었고, 이는 단기 이익보다 장기 비전을 추구한 결과다. 스타링크, 옵티머스 로봇, 자율주행 플랫폼 등도 모두 이 사명을 구체화한 시도들이다. 테슬라는 기업의 사명이 실제 기술과 전략으로 실현될 수 있음을 보여준다.

사명 선언문 작성 방법

로리 베스 존스Lori Beth Jones의 방법론[13]은 사명 선언문 작성에 매우 효과적이다. 그녀의 접근법 핵심은 다음과 같다.

1. **기여 대상/영역**: 당신이 영향을 미치고 봉사하고자 하는 대상이나 영역
2. **핵심 가치/특성**: 당신의 행동과 존재 방식을 이끄는 근본적인 가치나 특성
3. **동사(행동)**: 당신이 어떻게 행동하고 기여하고자 하는지 나타내는 동사

왜 기여할 곳을 정해야 할까? 우리는 사회적 동물이며, 경제활동은 내가 창출하는 가치에 대한 대가를 받는 것이다. 내가 누군가에게 제공하는 가치가 있어야 경제적 보상을 받을 수 있다. 타인과 사회를 향한 사명은 다른 사람들의 지지를 받을 확률이 크다.

워크시트 작성 안내

QR 코드를 활용하여 워크시트를 내려받아 기여 대상에서 3개 단어, 가치 중 3개 단어, 동사에서 3개 단어를 선택하도록 하자. 표에 나와 있지 않지만, 자신이 선호하는 단어가 있다면 기재해도 좋다. 가치의 경우는 3장과 4장에서 도출한 내용의 핵심을 적어도 좋다.

사명선언문 워크시트

다음 워크시트에 선택한 단어들을 결합하여 일관되고 영향력 있는 사명 선언문을 만들어보라. 이 선언문은 당신의 노력에 대한 지침이 되어야 하며, 당신이 원하는 기여, 핵심 가치, 행동을 담아야 한다.

첫 번째 시도

선택한 단어들(범주별 3개 단어)을 아래에 배치하고, 문장 구조를 응용하여 한 문장짜리 사명 선언문 초안을 만들어보자.

> 나, _____는/은
>
> _____에/의/을(를) 위해/과(와) 함께
> (나를 가장 매료시키는 집단/단체/목적)
>
> _____을(를)
> (핵심 가치, 인생 테마)
>
> _____.
> (3개의 동사)

사명 선언문 작성 연습 1

_____

_____

_____

두 번째 시도

어순을 바꾸고, 통합할 단어는 통합하여 좀 더 간결하면서 자연스러운 문장을 만들자.

사명 선언문 작성 연습 2

_____

_____

마지막 시도

더 매력적이고, 온전히 자신의 것으로 만들도록 하자. 당신의 사명 선언문이 당신만의 독특한 의도와 열망을 반영하도록 개인화되었는지 확인하라. 그것은 당신에게 깊은 수준에서 동기를 부여하고 공명하는 것이어야 한다.

사명 선언문은 10살 아이도 쉽게 이해할 수 있을 정도로 단순해야 한다. 당신에게 에너지를 불어넣을 만큼 매력적이어야 하고, 다른 사람들의 지지를 얻을 수 있을 만큼 이타적이어야 한다. 또한 항상 마음속에 간직할 수 있도록 간결해야 한다.

최종 사명 선언문

_____

_____

사명 선언문 검증하기

작성한 사명 선언문이 효과적인지 확인하기 위해 다음 질문들을 활용하라.

1. **간결성**: 한 문장으로 표현되며, 쉽게 기억할 수 있는가?
2. **명확성**: 10살 아이도 이해할 수 있을 만큼 명확한가?
3. **고유성**: 나만의 독특한 특성과 열망을 반영하는가?
4. **영감**: 읽을 때마다 나에게 에너지와 영감을 주는가?
5. **포괄성**: 내가 중요하게 생각하는 모든 핵심 요소를 포함하는가?
6. **실행 가능성**: 실제 삶에서 적용하고 실천할 수 있는가?
7. **지속 가능성**: 시간이 지나도 여전히 유효할 내용인가?

만약 이 중 어느 하나라도 '아니오'라고 답했다면, 사명 선언문을 다시 검토하고 수정해보자.

사명선언문 활용하기

사명 선언문을 작성한 후에는 그것을 생활 속에서 활용하는 것이 중요하다. 다음과 같은 방법을 고려해보자.

1. **시각화하기**: 사명 선언문을 적어 매일 볼 수 있는 장소(책상, 침대 옆, 휴대폰 배경화면 등)에 놓아두라.
2. **정기적 성찰**: 매일 아침이나 저녁에 사명 선언문을 읽고, 그 날의 행동이 이와 얼마나 일치했는지 성찰하라.
3. **의사결정 도구로 활용**: 중요한 결정을 내릴 때 "이 선택이 내 사명과 일치하는가?"라고 자문하라.
4. **주기적 검토**: 6개월이나 1년에 한 번씩 사명 선언문을 검토하고, 필요하다면 수정하라.
5. **공유하기**: 신뢰하는 사람들과 사명 선언문을 공유하여 책임감을 높이고 지지를 받아라.

사명 선언문을 만드는 것은 시작에 불과하다. 진정한 변화는 이를 삶에 통합하고 실천할 때 일어난다. 다음 장에서는 이 사명을 기반으로 삶의 다양한 역할에서 어떻게 구현할 수 있는지 탐색할 것이다.

지금까지 자기 탐색과 발견을 통합하여 강력한 사명 선언문을 완성했다면, 이제 당신은 인생 후반전을 위한 분명한 나침반을 갖게 된 것이다. 이 나침반은 앞으로의 모든 선택과 결정에서 당신을 인도하는 등대 역할을 할 것이다.

6장

사명의 확장

삶의 역할 규명

▶ 사명에서 역할로: 삶의 공간적 확장

앞 장에서 우리는 내 삶의 목적과 방향성을 담은 사명 선언문을 작성했다. 이제 그 사명을 삶의 다양한 영역으로 확장하여 구체적인 역할과 책임으로 구현해볼 차례다. 사명이 삶의 '왜Why'를 정의한다면, 역할은 삶의 '어디서Where'와 '누구로서Who'를 정의한다고 볼 수 있다.

수퍼Super(1980)의 "생애주기-생활공간 이론"에 따르면 우리는 자녀, 학생, 여가인, 시민, 직업인, 배우자, 가사 담당자, 부모 등 여러 역할을 동시에 수행한다. 우리의 정체성과 삶의 의미는 이러한 다양한 역할들의 총합으로 구성된다.

▶ 삶의 역할 탐색과 이해하기

내 삶의 관계 매핑하기

자신을 중심에 두고, 주변의 중요한 관계나 소속 집단을 그려보는 것은 자신의 역할을 발견하는 첫 단계다. 다음 표에 현재 당신과 관계를 맺고 있는 주요 사람들, 그룹, 조직, 공동체 등을 적어보자.

관계/그룹/조직	내가 수행하는 역할
예: 가족	예: 아들/딸, 남편/아내, 부모
예: 직장	예: 팀원, 관리자, 멘토
예: 친구 모임	예: 조언자, 청취자, 시작자

이렇게 작성한 관계 맵을 바탕으로, 자신을 중심에 두고 주요 관계들을 선으로 연결하는 관계 지도를 그려볼 수 있다. 이 시각화 작업은 당신의 삶이 얼마나 다양한 관계로 구성되어 있는지, 그리고 그 속에서 당신이 어떤 역할을 수행하고 있는지 명확히 이해하는 데 도움을 준다.

자기 역할의 이해: 웰빙의 추구

삶의 다양한 역할을 수행하면서 우리는 종종 자기 자신과의 관계를 소홀히 하는 경향이 있다. 스티븐 코비Stephen Covey는 그의 저서 《성공하는 사람들의 7가지 습관》에서 이를 '톱날 갈기Sharpen the Saw'라고 표현했다. 즉, 지속적으로 효과적인 역할 수행을 위해서는 자기 자신을 돌보고 재충전하는 것이 필수적이라는 의미다. 이 책에서는 '웰빙'이라고 표현하고자 한다.

웰빙은 다음 4가지 차원에서 이루어질 수 있다.

- **신체적 웰빙**: 적절한 영양, 운동, 충분한 휴식을 통한 건강 유지
- **지적 웰빙**: 독서, 학습, 새로운 기술 습득을 통한 정신적 성장
- **정서적 웰빙**: 건강한 인간관계, 감정 인식과 표현, 스트레스 관리
- **영적 웰빙**: 명상, 자연과의 교감, 목적의식 함양을 통한 내적 평화

이런 4가지 영역에서 자신을 돌보는 활동들을 정기적으로 실천함으로써 우리는 다른 삶의 역할에서도 더 효과적이고 만족스러운 성과를 낼 수 있다. 이 4가지 이외에도 경제적인 웰빙, 환경적인

웰빙 등을 추가하여 작업하면 좋다.

커리어 레인보우 Career Rainbow: 생애 역할 확인하기

다음 표에 현재 수행 중인 역할과 앞으로 수행하게 될 역할들을 작성해보자. 각 역할에 대해 현재의 중요도를 1~10점 척도로 평가하고, 앞으로 이 역할의 중요도가 어떻게 변화할 것으로 예상하는지도 기록해보자. 기타 역할란에는 표에 주어진 역할 이외에 자신에게 중요한 역할을 기입하자.

생애 역할	현재 수행 여부	현재 중요도(1~10)	예상되는 변화
자녀	예/아니오		
학생	예/아니오		
여가인	예/아니오		
시민	예/아니오		
직업인	예/아니오		
배우자	예/아니오		
가사담당자	예/아니오		
부모	예/아니오		
기타 역할 1	예/아니오		
기타 역할 2	예/아니오		

역할과 헌신 테이블 작성하기

이제 더 구체적으로, 각 역할에서 당신이 어떤 헌신을 하고 싶은지 생각해보자. 역할 란에는 자신에게 중요한 역할로 5~7개를 선정하여 기입하도록 하자.

역할(Role)	헌신(Commitment)
웰빙-신체적	
웰빙-지적	
웰빙-정서적	
웰빙-영적	
역할 1	
역할 2	
역할 3	
역할 4	
역할 5	
역할 6	
역할 7	

예시

역할(Role)	헌신(Commitment)
웰빙-신체적	매일 30분 이상 운동하고, 주 3회 이상 명상을 통해 신체적 건강과 정신적 안정을 유지한다.
웰빙-지적	매월 한 권 이상의 책을 읽고, 분기별로 새로운 기술을 배우는 워크숍에 참여한다.
웰빙-정서적	주간 일기 쓰기를 통해 감정을 정리하고, 매월 가까운 친구들과 깊은 대화의 시간을 가진다.
웰빙-영적	주말에는 자연 속에서 시간을 보내며, 매일 아침 감사 일기를 통해 삶의 의미를 성찰한다.
부모	자녀들과 매일 질 높은 대화 시간을 갖고, 그들의 관심사에 진심으로 관심을 보이며, 자율성과 책임감을 기를 수 있도록 지원한다.
직업인	내 전문 분야에서 지속적으로 학습하고 성장하며, 동료들과 지식을 공유하고, 조직의 목표달성에 적극적으로 기여한다.
가족구성원	부모님과 주 1회 이상 연락하고, 가족 행사에 적극적으로 참여하며, 형제자매와의 유대관계를 지속적으로 강화한다.
커뮤니티 일원	지역사회 봉사활동에 월 1회 이상 참여하고, 이웃과의 긍정적 관계를 형성하며, 지역 발전에 기여한다.
친구	오랜 친구들과 정기적으로 연락하고, 새로운 친구 관계도 적극적으로 발전시키며, 서로의 어려움에 진정한 지지를 제공한다.
취미 활동가	주 2회 이상 나만의 취미활동에 시간을 투자하고, 관련 커뮤니티에 참여하며, 지속적인 즐거움과 성취감을 추구한다.
재정 관리자	월별 예산을 계획하고 준수하며, 은퇴를 위한 장기 투자 계획을 검토하고, 분기별로 재정 상태를 점검한다.

인생 중후반기의 역할 변화와 통합적 관리

인생 중후반기에 접어들면서 우리는 새로운 역할을 맡고 기존 역할도 변화한다. 이 시기에는 3가지 주요 역할이 부각된다.

- **샌드위치 세대의 도전**: 자녀 양육과 노부모 부양을 동시에 담당하며, 이를 위해서는 경계 설정, 위임과 협력, 자기 돌봄, 지지 네트워크 구축이 필요하다.
- **멘토와 지도자로서의 역할**: 축적된 전문성과 경험을 바탕으로 다음 세대에 지식을 전수하는 책임이 생긴다. 효과적인 멘토링을 위해 지속적 학습, 공감과 경청, 건설적 피드백, 롤모델로서의 역할이 중요하다.
- **공동체 기여자로서의 역할**: 더 넓은 사회에 공헌하고자 하는 욕구가 강해진다. 자원봉사, 시민 참여, 기부, 커뮤니티 형성 등을 통해 의미 있는 유산을 남길 수 있다.

역할이 변화하고 추가되는 과정에서 효과적인 관리와 적응이 필요하다. 역할 전환은 크게 **역할 추가**(부모나 관리자 되기), **역할 상실**(자녀 독립, 퇴직), **역할 재정의**(자녀 성장에 따른 부모 역할 변화) 3가지로 나타난다. 각 유형은 고유한 도전과 기회를 제공한다.

건강한 삶을 위해서는 단순한 역할 균형보다는 역할 간 통합적 접근이 중요하다. 여러 역할 사이에서 시너지를 창출하는 방법으로는 다음의 전략이 있다.

- 다양한 역할에 공통된 근본 가치 찾기
- 한 역할에서 배운 기술을 다른 역할에 적용하기
- 여러 역할의 목표를 동시에 충족하는 활동 발굴하기
- 역할 간 경계를 유연하게 하여 통합된 정체성 형성하기

▶ 성찰 질문

다음 질문들에 답하면서 역할에 대한 이해를 더욱 깊이 있게 발전시켜 보자.

1. **정체성과 역할의 관계**: 당신의 다양한 역할들이 어떻게 당신의 정체성을 반영하고 있는가?

   ....
   ....

2. **역할 변화 예상**: 앞으로 5~10년간 당신의 역할에 어떤 변화가 생길 것으로 예상하는가? 이러한 변화에 어떻게 대비하고 있는가?

   ....
   ....

3. **배운 교훈**: 이번 장의 활동을 통해 당신이 얻은 주요 통찰이나 배움은 무엇인가?

   ....
   ....

▶ 마무리: 역할을 넘어선 삶의 본질

이 장에서 우리는 다양한 삶의 역할을 탐색하고, 각 역할에서의 책임을 정의해보았다. 모든 역할의 중심에는 변하지 않는 '나'라는 존재가 있으며, 이 '나'는 앞서 정의한 사명에 의해 인도된다.

진정한 성숙은 다양한 역할을 균형 있게 수행하는 데서 그치지 않고, 모든 역할 속에서 진정한 자아를 표현하고 발견하는 데 있다. 인생 후반전에 접어들면서 우리는 자신의 본질과 사명에 충실한 방식으로 역할을 재정의하고 통합해나가는 과정을 거친다.

다음 장부터는 이러한 통합된 정체성을 바탕으로 미래의 다양한 가능성을 탐색하고 구체적인 비전과 목표를 설정하는 과정으로 나아갈 것이다.

제3부

'나'의 시간적 확장

7장

다양한 커리어 옵션 탐색

인생 후반전을 위한 커리어 옵션의 중요성

인생 후반전에서 어떤 일을 하며 살아갈지 탐색하는 것은 자연스러운 과정이다. 커리어 옵션을 탐색한다는 것은 단순히 새로운 직업을 찾는 것이 아니라 자신의 열정, 가치, 강점, 경험을 활용하여 의미 있는 기여를 할 수 있는 모든 가능성을 살펴보는 과정이다.

특히 100세 시대를 살아가는 우리에게 커리어 옵션 탐색은 선택이 아닌 필수가 되었다. 은퇴 후 30~40년이라는 긴 시간을 어떻게 보낼 것인가는 재정적 측면뿐 아니라 심리적, 사회적 웰빙에도 큰 영향을 미치기 때문이다.

경로사고 Pathways Thinking 의 실천

'경로사고'는 스나이더 Snyder 의 희망 이론에서 나온 개념으로 목표를 달성하기 위한 다양한 경로를 찾아내는 능력을 의미한다. 현대 사회에서 커리어는 더 이상 하나의 직선적 경로가 아니며, 특히 인생 후반전에서는 이러한 사고방식이 더욱 중요해진다.

경로사고는 다음과 같은 방법으로 실천할 수 있다.

1. **정기적 탐색 시간 확보**: 매월 또는 분기별로 커리어 옵션을 탐색하는 시간을 의도적으로 마련한다. 이는 새로운 직업 동향, 산업 변화, 교육 기회 등을 살펴보는 시간이다.
2. **다양한 정보원 활용**: 온라인 구인 사이트, 직업 정보 포털, 전문 잡지, 업계 뉴스레터, 네트워킹 이벤트 등 다양한 채널을 통해 정보를 수집한다.
3. **평생학습 자세**: 새로운 기술이나 지식을 지속적으로 습득하여 다양한 옵션에 대한 준비를 갖춘다. 온라인 강좌, 워크숍, 세미나 등에 참여하는 것이 도움이 된다.
4. **탐색적 대화 나누기**: 다양한 분야의 사람들과 대화를 나누며 새로운 아이디어와 가능성을 탐색한다. "만약 ~라면 어떨까?"와 같은 가정적 질문을 자주 던져보는 것도 좋은 방법이다.
5. **실험적 접근**: 작은 규모의 프로젝트, 부업, 자원봉사 등을 통해 새로운 분야를 실험적으로 경험해본다.

커리어 옵션을 탐색할 때는 'Either OR 사고(이분법적 선택)'보다 'Both AND 원칙(통합적 접근)'이 더 유용하다. 회사를 완전히 떠나는 대신 파트타임으로 전환하면서 컨설팅을 시작하거나, 주말에는 관심 있는 비영리 단체에서 봉사하는 방식 등이 그 예다.

직업 탐색 도구 활용

시스템 활용 시 주의 사항

고용24 활용법

고용24(www.work24.go.kr)는 고용노동부가 운영하는 종합 취업 정보 포털로 다양한 직업 정보와 진로 탐색 도구를 제공한다. 중년 이상의 성인들도 이 플랫폼을 활용하여 새로운 커리어 옵션을 탐색할 수 있다. 로그인 이후에 '취업지원' 중에서 '취업가이드'를 클릭한다.

1. **직업심리검사 활용**: 성인용 직업 가치관 검사, 직업적성검사 등을 통해 자신의 성향과 강점에 맞는 직업 분야를 탐색한다.
2. **직업정보 탐색**: '직업·진로' 메뉴의 직업정보에서는 약 700여 개의 직업에 대한 상세 정보를 제공한다. 수행 업무, 필요 역량, 준비 방법, 자격 요건, 전망 등을 확인할 수 있다.

3. **성장 직업 조회**: '미래 유망 직업' 정보를 통해 향후 성장이 예상되는 직업군을 파악할 수 있다.
4. **지역별 일자리 정보 확인**: 거주 지역 중심의 일자리 정보를 확인하여 실제적인 취업 가능성을 탐색한다.

고용24에서 직업 정보를 검색할 때는 단순히 직무 설명만 보는 것이 아니라, 해당 직업의 근무 환경, 요구되는 가치관, 필요한 교육 및 훈련, 관련 자격증 등을 종합적으로 살펴보는 것이 중요하다. 또한 제시된 정보와 자신의 경험, 기술, 관심사가 어떻게 연결될 수 있는지 창의적으로 생각해보는 것이 필요하다.

'취업지원'의 '취업역량강화' 메뉴를 클릭하면 만 40세 이상을 대상으로 하는 '중장년내일센터'에 대한 안내도 있다. 국가에서 제공하는 1:1 맞춤 재취업, 전직 지원 서비스, 구직 지원 서비스나 취업 지원 프로그램 등을 탐색하고 활용해보도록 하자. 신청일로부터 6개월간 집중 케어를 받을 수 있다.

O*NET OnLine 활용법

미국의 O*NET OnLine(onetonline.org)은 세계적으로 가장 종합적인 직업 정보 데이터베이스 중 하나로 한국의 상황에도 유용한 통찰을 제공할 수 있다. 특히 새로운 직업 트렌드와 상세한 직무 분석 정보에 접근하기 좋다.

1. 흥미Interest 검색: '흥미 프로파일러Interest Profiler'를 통해 자신의 직업적 관심사에 맞는 직업군을 탐색할 수 있다. 홀랜드 코드RIASEC 기반의 관심사 평가를 제공한다.
2. 기술Skills 검색: 자신이 보유한 기술이나 습득하고자 하는 기술을 기준으로 관련 직업을 찾을 수 있다. 중년 이상의 경우, 기존에 개발한 전이 가능한 기술transferable skills을 활용할 수 있는 직업을 탐색하는 데 유용하다.
3. 직업 가치Work Values 검색: 성취, 독립성, 인정, 대인관계, 지원, 근무 조건 등 6가지 주요 직업 가치를 기준으로 직업을 탐색할 수 있다. 특히 인생 후반전에는 이러한 가치 기반 탐색이 중요하다.
4. 교차 검색Crosswalks 기능: 기존 직업이나 산업에서 유사한 기술이 요구되는 다른 직업으로의 전환 가능성을 탐색할 수 있다. 이를 통해 경력 전환의 구체적 경로를 발견할 수 있다.
5. 유망Bright Outlook 직업: 성장 가능성이 크거나 새롭게 부상하는 직업을 살펴볼 수 있다. 미래 지향적 커리어 계획에 참고할 수 있다.

O*NET은 영어로 제공되지만 번역 도구를 활용하면 핵심 정보를 파악하는 데 큰 어려움이 없다. 또한 국내 상황과 맞지 않는 부분은 고용24 등 국내 정보와 교차 검증하는 것이 좋다.

커리어 옵션 탐색 방법

: 기술 기반, 흥미 기반, 가치 기반

커리어 옵션을 탐색할 때는 여러 관점에서 접근하는 것이 효과적이다. 특히 기술, 흥미, 가치라는 3가지 핵심 측면에서 자신에게 맞는 옵션을 찾아볼 수 있다. 고용24나 O*NET을 활용하여 탐색해보도록 하자. ChatGPT 등 여러 AI 도구의 도움을 받아보는 것도 적극 권장한다.

기술 기반 탐색 Skill-based Exploration

기술 기반 탐색은 자신이 보유한 전문 기술, 지식, 역량을 중심으로 커리어 옵션을 모색하는 방법이다.

단계별 접근

1. **기술 목록 작성**: 현재 직업에서 습득한 기술뿐 아니라 취미, 자원봉사, 생활 경험에서 얻은 기술까지 포괄적으로 나열한다. 이때 기술을 구체적으로 명시하는 것이 중요하다. 자유

롭게 작성하거나, 앞서 진행한 스토리를 통해 찾은 강점을 나열할 수도 있지만 고용24 등에서 진단에 응하거나 선택을 통해 추가 검색을 할 수 있다. 고용24에서는 '업무수행 능력'이라고 기술을 표현하는데, 다음과 같은 내용이 직무정보와 연계되어 있다.

기본 인지 능력	사고력 및 인지 능력	대인관계 능력
읽고 이해하기	논리적 분석	모니터링
듣고 이해하기	창의력	사람 파악
글쓰기	범주화	행동 조정
말하기	기억력	설득
수리력	공간지각력	협상
	추리력	가르치기
	학습전략	서비스 지향
	선택적 집중력	
관리 및 문제해결 능력	기술 관련 능력	신체적 능력
문제 해결	기술 분석	정교한 동작
판단과 의사결정	기술 설계	움직임 통제
시간 관리	장비 선정	반응시간과 속도
재정 관리	설치	신체적 강인성
물적자원 관리	전산	유연성 및 균형
인적자원 관리	고장의 발견·수리	시력
	작동 점검	청력

2. **전이 가능 기술 식별**: 나열한 기술 중 다른 분야나 직무에서도 활용할 수 있는 '전이 가능 기술'을 식별한다. 예를 들어 프로젝트 관리, 리더십, 문제 해결, 의사소통 능력 등은 다양한 분야에 적용 가능하다. 앞의 표에서 자신이 보유하고 있는 능력에 ○표를 해보자.
3. **기술 중심 직업 탐색**: 고용24나 O*NET의 '직업별 필요 역량' 정보를 역으로 활용하여 자신의 주요 기술이 필요한 직업을 찾아본다.
4. **기술 격차 분석**: 관심 있는 직업과 현재 보유 기술 간의 격차를 분석하고, 필요한 추가 교육이나 훈련 계획을 수립한다.
5. **기술 확장 전략**: 보유 기술을 보완할 수 있는 새로운 기술을 습득하여 직업 선택의 폭을 넓힌다.

중년 이후에는 수십 년간 축적한 경험과 암묵지가 중요한 자산이 된다. 특히 멘토링, 컨설팅, 자문 역할 등에서 이러한 경험 기반 기술이 높이 평가받을 수 있다.

흥미 기반 탐색 Interest-based Exploration

흥미 기반 탐색은 자신이 진정으로 즐기고 열정을 느끼는 활동이

나 주제를 중심으로 커리어 옵션을 모색하는 방법이다.

단계별 접근

1. **흥미 영역 정의**: 홀랜드 유형RIASEC(현실형, 탐구형, 예술형, 사회형, 진취형, 관습형) 등의 프레임워크를 활용하여 자신의 주요 흥미 영역을 파악한다. 고용24의 직업선호도검사나 O*NET의 Interest Profiler 등을 활용할 수 있다.
2. **생활 속 열정 찾기**: 일상에서 시간 가는 줄 모르고 몰입하는 활동, 무보수라도 기꺼이 할 수 있는 일들을 살펴본다.
3. **흥미-직업 연결**: 파악한 흥미 영역과 관련된 직업군을 탐색한다. 예를 들어 예술형Artistic 성향이 강하다면 디자인, 콘텐츠 제작, 창작 관련 직업을 살펴볼 수 있다.
4. **부업이나 자원봉사로 테스트**: 완전한 전환 전에 관심 분야에서 부업이나 자원봉사를 통해 실제 경험을 쌓고 적합성을 테스트한다.
5. **커뮤니티 참여**: 관심 분야의 커뮤니티나 업계 모임에 참여하여 네트워크를 형성하고 더 깊은 통찰을 얻는다.

중년 이후에는 젊은 시절에 포기했던 관심사나 취미를 커리어로 발전시킬 기회를 찾아보는 것도 추천한다.

가치 기반 탐색 Value-based Exploration

가치 기반 탐색은 자신이 중요하게 여기는 가치와 원칙에 부합하는 커리어 옵션을 모색하는 방법이다.

단계별 접근

1. **핵심 가치 명확화**: 4장에서 도출한 핵심 가치를 다시 검토하고, 직업 환경에서 특히 중요하게 생각하는 가치를 우선순위화한다.
2. **가치-직업 환경 매칭**: 각 가치가 중요시되는 직업 환경을 탐색한다. 예를 들어 '사회 기여'를 중요하게 여긴다면 교육, 의료, 비영리, 사회적 기업 등의 분야를, '자율성'을 중시한다면 프리랜서, 창업, 연구 분야 등을 고려할 수 있다.
3. **조직 문화 조사**: 관심 있는 조직이나 분야의 문화와 가치관을 조사하여 자신의 핵심 가치와 얼마나 일치하는지 평가한다.
4. **의미 있는 직업 찾기**: "어떤 일이 나에게 의미가 있는가?" "어떤 성취가 나에게 진정한 자부심을 주는가?"와 같은 질문을 통해 자신에게 의미 있는 직업을 탐색한다.
5. **레거시 고려**: "내가 이 세상에 남기고 싶은 유산은 무엇인가?"라는 질문을 통해 인생 후반전에 집중하고 싶은 가치와

영향력을 고민한다.

중년 이후에는 일의 외적 보상보다 내적 보상(의미, 목적, 가치 실현 등)이 더 중요해지는 경향이 있다.

통합적 탐색 방법

3가지 접근법은 상호보완적이며, 이를 통합적으로 활용할 때 가장 효과적인 탐색이 가능하다.

1. **세 영역의 교차점 찾기**: 자신의 기술, 흥미, 가치가 모두 충족될 수 있는 커리어 옵션을 우선적으로 고려한다. 이러한 교차점에서 가장 큰 만족감과 성취를 경험할 가능성이 크다.
2. **우선순위 설정**: 세 영역 중 현재 자신에게 가장 중요한 영역을 결정한다. 예를 들어 경제적 안정이 필요한 시기라면 기술 기반 접근이, 자아실현이 중요한 시기라면 가치나 흥미 기반 접근이 더 우선시될 수 있다.
3. **단계적 이행 계획**: 이상적인 옵션을 즉시 선택하기 어려운 경우, 기술-흥미-가치의 균형을 점진적으로 개선해나가는 단계적 이행 계획을 수립한다.

4. **지속적인 재평가**: 커리어 여정을 통해 자신의 기술, 흥미, 가치는 변화할 수 있다. 정기적으로 이를 재평가하고 조정하는 습관을 들인다.

커리어 옵션의 종류

커리어 옵션을 탐색할 때는 변화의 범위와 정도에 따라 다양한 선택지를 고려할 수 있다.

사내 옵션

사내 옵션은 현재 조직 내에서 역할이나 책임을 변경하는 방식으로, 가장 작은 변화로 커리어에 새로운 활력을 불어넣을 수 있는 방법이다.

- **부서 이동**: 다른 부서나 팀으로 이동하여 새로운 업무 영역 경험
- **역할 확장**: 현재 직무를 유지하면서 책임 범위 확장

- **직급 변경**: 관리직에서 전문직으로, 또는 그 반대로 경력 경로 전환
- **직무 재설계**: 현재 직무를 자신의 강점과 관심사에 맞게 조정
- **겸임 역할**: 다른 부서나 프로젝트에 파트타임으로 참여

장점: 기존의 회사 문화, 시스템, 동료 관계를 유지하면서 새로운 도전을 할 수 있는 안정감

업계 내 옵션

업계 내 옵션은 같은 산업 분야 내에서 직장을 바꾸거나 역할을 전환하는 방식으로 축적된 산업 지식과 네트워크를 활용하면서 새로운 환경에서 경력을 이어갈 수 있다.

- **유사 기업으로 이직**: 동종 업계의 다른 기업으로 이직
- **밸류체인 이동**: 같은 산업 내 다른 단계로 이동
- **산업 내 컨설턴트 역할**: 컨설턴트나 자문 역할로 전환
- **업계 교육자 역할**: 산업 관련 교육기관에서 강사로 활동
- **협회나 단체 활동**: 업계 협회, 표준화 단체, 감독 기구 등에서 역할 수행

장점: 축적된 산업 지식, 전문성, 네트워크를 계속 활용할 수 있다.

탈업계 옵션

탈업계 옵션은 완전히 다른 산업 분야로 전환하는 방식으로 가장 큰 변화를 수반하지만, 새로운 출발과 성장의 기회를 제공한다.

- **전이 가능 기술 활용**: 리더십, 프로젝트 관리 등 전이 가능한 기술을 바탕으로 다른 산업으로 이동
- **관련 지식 기반 전환**: 현재 업계에서 얻은 전문 지식을 관련 분야에 적용
- **취미나 관심사 기반 전환**: 오랫동안 유지해온 취미나 개인적 관심사를 기반으로 새 커리어 시작
- **사회적 가치 추구**: 비영리 단체, 사회적 기업, 교육기관 등으로 이동
- **평생 꿈 실현**: 젊은 시절 포기했던 직업이나 분야에 도전

장점: 완전히 새로운 출발과 학습 기회, 자신의 흥미와 가치에 더 부합하는 일 선택 가능

국내 이동 옵션

국내 이동 옵션은 국내의 다른 지역으로 이주하며 새로운 직업 기회를 모색하는 방식으로 생활 환경의 변화와 함께 커리어의 새로운 가능성을 열어준다.

- 지역 특화 산업 진출: 특정 지역에 집중된 산업이나 클러스터로 이동
- 공공 및 지역 기관 취업: 지방 이전 공공기관이나 지역 발전 기관에 취업
- 지역 기반 창업: 지방 소도시나 농어촌 지역에서 지역 특성을 활용한 창업
- 원격 근무와 지역 이주 결합: 원격 근무 형태로 일하면서 삶의 질이 높은 지역으로 이주
- 지역 대학이나 교육기관 참여: 지역 교육기관에서 강사, 연구원, 멘토 등으로 활동

장점: 생활비 절감, 삶의 질 향상, 스트레스 감소, 지역 사회에 의미 있는 기여 기회

해외 옵션

해외 옵션은 국제적인 커리어 기회를 모색하는 방식으로 가장 큰 변화와 도전을 수반하지만, 그만큼 큰 성장과 새로운 가능성을 제공한다.

- **글로벌 기업 내 해외 포지션**: 현 기업 내 해외 지사나 법인으로 이동
- **국제기구나 NGO 활동**: UN, WHO, OECD와 같은 국제기구나 국제 NGO에서 활동
- **해외 교육 및 연구 활동**: 해외 대학, 연구소, 교육기관에서 활동
- **해외 창업 및 비즈니스**: 해외 시장에서 창업하거나 사업 확장
- **국제 자문 및 컨설팅**: 해외 기업이나 정부에 자문 및 컨설팅 서비스 제공

장점: 글로벌 시장에서의 새로운 기회와 경험, 다문화 역량 개발, 글로벌 네트워크 구축

커리어 옵션 평가 및 선택을 위한 프레임워크

다양한 커리어 옵션을 탐색한 후에는 각 옵션을 객관적으로 평가하고 자신에게 가장 적합한 선택을 내리는 과정이 필요하다. 다음은 이를 위한 체계적인 프레임워크를 제시한다.

커리어 옵션 평가 매트릭스

커리어 옵션 평가 매트릭스는 각 옵션을 여러 측면에서 객관적으로 비교할 수 있는 도구다. 다음 표와 같이 주요 평가 요소에 따라 각 옵션을 점수화하여 비교할 수 있다.

평가 요소	가중치 (1~5)	옵션 1 (점수 1~10)	옵션 2 (점수 1~10)	옵션 3 (점수 1~10)
기술 활용도				
흥미 일치도				
가치 부합도				
경제적 보상				
안정성				
성장 가능성				

자율성			
일-삶 균형			
사회적 영향력			
실현 가능성			
총점			

이 매트릭스를 활용할 때는 다음 단계를 따르는 것이 효과적이다.

1. 옵션 1, 2, 3에 해당하는 커리어 옵션을 적는다.

   옵션 1

   옵션 2

   옵션 3

   ---

2. 각 평가 요소에 자신에게 얼마나 중요한지를 반영하는 가중치(1~5)를 부여한다.
3. 각 옵션에 대해 요소별로 1~10점 사이의 점수를 매긴다.
4. 각 요소의 점수에 가중치를 곱하여 가중 점수를 계산한다.
5. 모든 요소의 가중 점수를 합산하여 각 옵션의 총점을 구

한다.

6. 총점이 가장 높은 옵션이 객관적으로 가장 적합한 선택일 수 있지만, 이는 참고 자료일 뿐 최종 결정은 직관과 주관적 판단도 포함하여 내려야 한다.

실험과 검증의 중요성

어떤 옵션이 자신에게 정말 맞는지 확인하는 가장 좋은 방법은 실제 경험을 통한 검증이다. 다음과 같은 실험적 접근을 고려해볼 수 있다.

- **단기 프로젝트 참여**: 관심 분야에서 단기 프로젝트로 경험 쌓기
- **자원봉사 활동**: 비영리 단체나 커뮤니티에서 자원봉사
- **부업이나 사이드 프로젝트**: 본업을 유지하면서 관심 분야에서 부업 시작
- **교육 과정 수강**: 관련 교육 과정이나 워크숍 참여
- **멘토링이나 잡 섀도잉**: 해당 분야 전문가의 멘토링 받기

이러한 실험적 접근은 리스크를 최소화하면서 실제 경험을 통해 더 나은 결정을 내릴 수 있게 해준다.

의사결정을 위한 질문들

최종 결정을 내리기 전에 다음과 같은 핵심 질문들을 자신에게 던져볼 필요가 있다.

1. **진정성 질문**: "이 선택이 진정한 나의 모습, 가치, 열정과 일치하는가?"
2. **미래지향 질문**: "이 선택이 5~10년 후에도 여전히 의미 있고 지속 가능할 것인가?"
3. **현실성 질문**: "이 전환을 위해 필요한 자원(시간, 돈, 에너지)을 투자할 준비가 되어 있는가?"
4. **균형 질문**: "이 선택이 삶의 다른 중요한 영역(건강, 관계, 여가 등)과 조화를 이룰 수 있는가?"
5. **후회 최소화 질문**: "이 선택을 하지 않는다면 미래에 후회할 가능성이 얼마나 큰가?"
6. **최악의 시나리오 질문**: "이 선택이 실패한다면 어떤 결과가 발생할 수 있으며, 그것을 감당할 수 있는가?"
7. **직관 질문**: "모든 합리적 분석을 넘어 내 직관은 이 선택에 대해 무엇이라고 말하는가?"

이러한 질문들에 대한 깊은 성찰은 자신에게 진정으로 적합한 결정을 내리는 데 도움이 될 것이다.

▶ 실천 계획: 내 커리어 옵션 탐색하기

이제 지금까지 배운 내용을 바탕으로 자신의 커리어 옵션을 탐색해볼 차례다. 다음 단계별 활동을 통해 체계적으로 접근해보자.

자기 이해 요약

먼저 앞 장에서 탐색했던 자기 이해 요소들을 요약해보자.

나의 주요 강점(3장에서 도출)	
나의 핵심 가치(4장에서 도출)	
나의 주요 흥미 영역	
나의 주요 기술	
나의 사명(5장에서 작성)	

탐색할 커리어 옵션 목록

자기 이해를 바탕으로 탐색해볼 만한 커리어 옵션을 다음 5가지 범주에서 최소 한 가지씩 작성해보자.

1. 사내 옵션:
2. 업계 내 옵션:
3. 탈업계 옵션:
4. 지역 이동 옵션:
5. 해외 옵션(선택적):

우선 탐색할 3가지 옵션 선택

앞에서 작성한 옵션 중 가장 실현 가능성이 크고, 자신의 강점, 가치, 흥미와 가장 잘 맞는다고 생각되는 3가지 옵션을 선택하자. 그리고 각 옵션에 대해 간략한 이유를 적어보자.

　　1순위 옵션: ....
　　　• 선택 이유: ....

2순위 옵션: _____

- 선택 이유: _____

3순위 옵션: _____

- 선택 이유: _____

실험 및 탐색 계획

선택한 3가지 옵션을 더 깊이 탐색하기 위한 구체적인 계획을 세워보자.

옵션	탐색 계획
1순위 옵션 ( )	
2순위 옵션 ( )	
3순위 옵션 ( )	

옵션별로 다음과 같은 활동을 계획할 수 있다.

1. **정보 수집**: 해당 분야나 역할에 대한 정보를 어디서 어떻게 수집할 것인가.
2. **네트워킹**: 관련 분야의 전문가나 현직자를 만나거나 연결할 방법
3. **실험**: 단기 프로젝트, 자원봉사, 부업 등으로 경험해 볼 방법
4. **교육**: 필요한 지식이나 기술을 습득하기 위한 교육 계획
5. **현실적 평가**: 재정, 시간, 가족 상황 등을 고려한 실현 가능성 평가

시간표와 마일스톤

마지막으로, 탐색 계획을 실행할 구체적인 시간표와 마일스톤을 설정해보자. 3개월, 6개월, 1년 단위의 목표를 설정하는 것이 효과적이다.

- 3개월 내 달성할 목표: _____
- 6개월 내 달성할 목표: _____
- 1년 내 달성할 목표: _____

마무리: 유연성과 지속적 탐색의 중요성

커리어 옵션 탐색은 일회성 이벤트가 아닌 지속적인 과정이라는 점을 기억하자. 처음 계획했던 옵션이 기대했던 것과 다를 수 있고, 탐색 과정에서 전혀 예상치 못한 새로운 가능성이 열릴 수도 있다. 중요한 것은 유연한 마음가짐으로 지속적으로 탐색하고 실험하며, 자신의 인생에 가장 의미 있는 방향을 찾아가는 것이다.

인생 후반전은 과거의 경험과 지혜를 토대로 더 진정성 있고 균형 잡힌 삶을 구축할 수 있는 귀중한 기회이다. 이번 장에서 배운 경로사고와 다양한 옵션 탐색 방법을 활용하여 의미 있고 풍요로운 커리어 여정을 이어가길 바란다.

다음 장에서는 이렇게 탐색한 옵션들을 바탕으로 더 구체적인 미래 비전과 자서전적 스토리를 작성해보는 시간을 가질 것이다. 이를 통해 인생 후반전의 방향성을 더욱 명확히 하고, 실질적인 계획으로 발전시켜나갈 것이다.

8장

나의 비전과 미리 쓰는 자서전

비전의 의미와 중요성

비전은 우리가 추구하는 미래의 모습을 그려낸 청사진으로, 삶의 방향성을 제시하는 나침반이다. 인생의 파도가 거칠게 몰아칠 때도 우리가 향해야 할 방향을 잃지 않게 해준다.

비전이 중요한 이유는 크게 3가지다.

- **동기부여의 원천**: 명확한 미래 모습을 그릴 때 나아갈 에너지와 열정을 얻는다.
- **의사결정의 기준점**: 삶의 갈림길에서 올바른 방향을 제시해준다.
- **어려움 극복의 힘**: 일시적 실패나 좌절에도 포기하지 않고 계속 나아갈 회복력을 준다.

비전 설정을 위한 심상 훈련의 중요성

심상imagery은 마음속으로 어떤 장면이나 상황을 생생하게 그려보는 정신적 과정이다. 단순한 상상을 넘어 모든 감각을 동원하여 마치 실제로 경험하는 것처럼 느끼는 과정이다.

심리학적 연구에 따르면, 우리 뇌는 실제 경험과 생생한 상상 사이의 차이를 구분하는 능력이 제한적이다. 따라서 심상 훈련을 통해 미래의 성공적인 모습을 반복적으로 상상하면 뇌는 마치 실제로 그 경험을 한 것처럼 신경 경로를 형성하여 실제 그러한 행동을 할 가능성을 높인다.[14]

심상 훈련은 무의식에 접근하는 통로가 되어 표면적인 생각 너머에 있는 진정한 열망과 가치를 발견할 수 있게 한다.

심상 훈련 Guided Imagery 실습

심상 훈련은 누군가의 안내에 따라 이완된 상태에서 특정 이미지나 장면을 상상하며 진행하는 방법이다. 이는 자신의 미래 모습을 더 생생하고 구체적으로 그려볼 수 있게 한다.

심상 훈련을 통한 미래 탐색은 다음과 같은 순서로 진행한다.

1. **준비 단계**: 조용한 환경에서 편안한 자세를 취하고, 심호흡을 한 후 이완 상태에 들어간다. 몸의 긴장을 풀고 마음을 평온하게 만든다.

2. **시간 여행**: 미래의 특정 시점(예: 5년 후, 10년 후 등)으로 시간 여행을 한다고 상상한다. 그때 자신의 나이와 연도를 구체적으로 떠올린다.

3. **일상생활 탐색**: 미래의 어느 평범한 하루를 상상하며, 아침에 눈을 뜨는 순간부터 하루를 마무리하는 순간까지 진행한다. 이 과정에서 다음과 같은 요소들을 상상한다.
   - 자신이 살고 있는 집의 모습과 위치
   - 아침에 일어났을 때의 느낌과 주변 환경
   - 직장으로 향하는 길과 교통수단
   - 일터의 모습, 동료들과의 관계, 하는 일의 내용
   - 점심 시간과 여가 활동
   - 퇴근 후의 활동과 저녁 시간
   - 하루를 마무리하는 시간

4. **감각적 경험**: 이 과정에서 중요한 것은 단순히 시각적 이미지뿐만 아니라 모든 감각(시각, 청각, 촉각, 후각, 미각)을 동원하여 경험을 풍부하게 만드는 것이다. 어떤 소리가 들리는지, 어떤 냄새가 나는지, 느껴지는 감촉은 어떤지도 상상한다.

5. **감정 탐색**: 그 미래에서 느끼는 감정도 중요하게 탐색한다. 일을 할 때의 만족감, 사람들과 상호작용할 때의 기쁨, 하루를 마무리할 때의 성취감 등을 느껴본다.

6. **마무리**: 미래 탐색이 끝나면 천천히 현재로 돌아오는 시간을 갖는다. 심호흡하며 눈을 뜨고, 경험한 내용을 기록한다.

심상 훈련

QR 코드를 활용하여 영상을 틀고, 내레이션을 따라서 만들고자 하는 미래 자신의 모습에 대해 상상해보도록 하자. 필기구를 준비하여 심상 훈련을 마치면 상상했던 것을 적을 수 있도록 하자.

심상 훈련 후 성찰

심상 훈련 후에는 다음 질문들을 통해 경험을 더 깊이 성찰해보자. 이 질문들에 대한 답변을 기록하거나, 신뢰할 수 있는 사람과 나누어 보도록 하자.

1. 가장 인상 깊었던 미래의 당신 모습은 어떤 모습이었는가? 그 모습의 단서를 지금 어디에서 볼 수 있는가?

   _____
   _____

2. 미래를 상상했던 것에 나타난 나의 중요 가치는 무엇인가? 지금의 삶에서 그 가치는 얼마나 드러나고 있는가?

   _____
   _____

3. 미래로 가기 위해 바꾸어야 할 나의 믿음은 무엇인가? 더 강화하고 싶은 정체성은 무엇인가?

   _____
   _____

4. 그 미래로 나아가는 데 있어 가장 걸림돌이 되는 것은 무엇인가? 이를 넘어서기 위한 실마리는 무엇인가?

   _____
   _____

5. 미래에 의미 있는 인간관계는 누구와의 관계인가? 지금 어떤 관계를 더 키워가야 할까?

   ....

   ....

6. 앞으로 7일 안에 실천할 수 있는 구체적인 행동 1~2가지는 무엇인가?

   ....

   ....

▶ 꿈 목록 작성하기

꿈 목록 작성의 가장 큰 가치는 자신의 열망을 명확하게 인식하고, 이를 실현 가능한 형태로 구체화하는 데 있다. 이 책에서는 꿈 목록을 미래 나만의 이야기를 만들기 위한 브레인스토밍 목적으로 활용하며, 꿈 목록을 달성하는 것에 큰 가치를 두지 않는다. 눈을 가끔 미래에 두되, 매 순간 현재를 돌아보며 결정하기를 권한다.

꿈 목록 작성 방법

꿈 목록 작성은 다음과 같은 방식으로 진행할 수 있다.

- **범주별 작성**: 탐험, 배움, 성취, 경험 등의 범주로 구성
- **역할 기반 작성**: 다양한 생애 역할에 따라 이루고 싶은 꿈 정리
- **웰빙 항목별 작성**: 신체적, 정서적, 지적, 사회적, 직업적, 재정적, 영적, 환경적 웰빙 영역별로 목표 정리
- **생애주기 기반 작성**: 인생의 단계별로 이루고 싶은 꿈 정리

꿈 목록 작성 시 고려 사항

꿈 목록을 작성할 때는 다음과 같은 사항을 고려하는 것이 좋다.

- **현실성과 도전성의 균형**: 쉽게 달성할 수 있는 목표와 도전이 필요한 목표를 균형 있게 포함하는 것이 중요하다.
- **유연성 유지**: 인생은 예측 불가능하므로 꿈 목록은 언제든 수정하고 업데이트할 수 있는 살아있는 문서로 관리하는 것이 좋다.
- **가치 반영**: 자신의 핵심 가치가 목록에 반영되었는지 확인해

야 한다. 진정한 행복은 가치와 행동이 일치할 때 온다.
- **구체성**: '행복해지기'와 같은 추상적 목표보다 '주 3회 30분 명상하기'처럼 구체적인 목표를 설정하는 것이 효과적이다.
- **다양성**: 인생의 모든 영역(관계, 건강, 경력, 지적 성장, 정서적 만족 등)을 고르게 포함하는 것이 바람직하다.
- **잘게 나누기**: 큰 목표는 작은 단계로 나누어 성취감을 자주 느끼도록 하는 것이 좋다.
- **주기적 검토**: 분기별 또는 연 1회 이상 꿈 목록을 검토하고 진행 상황을 체크하는 습관을 들이는 것이 중요하다.
- **우선순위 설정**: 모든 꿈을 동시에 추구할 수 없으므로, 현시점에서 가장 중요한 것에 집중하는 전략이 필요하다.
- **자기 관찰**: 꿈 목록을 작성하면서 느끼는 감정에 주목하는 것이 중요하다. 흥분되고 의욕이 생기는 항목은 진정한 열망을 반영한다.
- **감사와 성찰**: 이미 이룬 꿈에 대해 감사하고, 그 과정에서 배운 점을 성찰하는 시간을 갖는 것이 유익하다.

꿈 목록 작성 실습

여기서는 웰빙 항목과 생애주기를 고려한 꿈 목록을 작성해보도록 하자. 그 내용은 하고 싶은 일이거나, 갖고 싶은 것, 되고 싶은 것, 그리고 탐색하는 것이거나 배우는 것, 여행지일 수도 있다.

다음은 웰빙 관련 항목들에 대한 꿈 목록 양식이다.

웰빙 항목	40대	50대	60대	70대 이후
관계/정서				
영적				
지적				
신체적				
환경(주거 등)				
재정				
직업				
여가				

▶ 미래의 이야기를 위한 과거, 현재 스토리 작성

비전을 명확히 하기 위해서는 과거와 현재의 이야기를 먼저 정리하는 것이 중요하다. 이는 자신의 인생 여정에 대한 전체적인 맥락을 이해하고, 일관성 있는 미래 이야기를 구성하는 데 도움이 된다.

과거 스토리 작성 방법

과거 스토리를 작성할 때는 다음 요소들을 포함하는 것이 좋다.

- **주요 전환점**: 인생의 중요한 변화나 전환점을 시간 순서대로 나열한다. 이러한 사건들이 자신에게 어떤 영향을 미쳤는지 성찰한다.
- **성장 경험**: 크게 성장했던 경험이나 중요한 교훈을 배웠던 순간들을 기록한다. 이러한 경험을 통해 발견한 자신의 강점이나 가치관을 함께 기록한다.
- **도전과 극복**: 인생에서 마주했던 중요한 도전들과 그것을 어떻게 극복했는지 서술한다. 이 과정에서 발휘된 회복력이나 대처 방식에 주목한다.
- **중요한 관계**: 삶에 큰 영향을 미친 중요한 관계(가족, 멘토, 친구 등)를 기록하고, 이러한 관계를 통해 배운 점을 성찰한다.
- **성취와 기쁨**: 의미 있는 성취나 특별히 기쁨을 느꼈던 순간들을 기록한다. 이러한 경험에서 발견한 자신의 열정과 동기를 탐색한다.

현재 스토리 작성 방법

현재 스토리를 작성할 때는 다음 요소들을 고려한다.

- **현재의 역할**: 생활 속에서 맡고 있는 다양한 역할(직업, 가족, 사회적 역할 등)을 나열하고, 각 역할에서 느끼는 만족도와 도전을 성찰한다.
- **강점과 재능**: 현재 발휘하고 있는 핵심 강점과 재능, 그리고 이것이 어떻게 활용되고 있는지 기록한다.
- **가치와 우선순위**: 현재 삶에서 중요하게 여기는 가치와 우선순위를 명확히 한다. 이것들이 일상적인 결정과 행동에 어떻게 반영되고 있는지 살펴본다.
- **만족과 불만족**: 현재 삶에서 만족하는 부분과 변화가 필요한 부분을 솔직하게 평가한다.
- **학습과 성장**: 현재 배우고 있거나 개발 중인 기술, 지식, 관점 등을 정리한다. 이러한 학습이 어떤 방향으로 이어지고 있는지 고려한다.

과거와 현재의 스토리 작성은 단순한 사실 나열을 넘어 자신의 인생에 대한 깊은 성찰과 의미 부여의 과정이다. 이 과정을 통해 자신의 삶에 존재하는 일관된 테마와 패턴을 발견할 수 있다. 이러한 통찰은 앞으로의 미래 스토리를 더 의미 있고 진정성 있게 구성하는 기반이 된다.

미래 한 시점의 스토리 작성해보기

미래 스토리를 작성할 때는 자신의 다양한 삶의 역할을 포괄하는 통합적인 관점에서 접근하는 것이 중요하다. 이는 단순히 직업적 성공이나 물질적 성취를 넘어 삶의 모든 중요한 측면에서 조화와 만족을 추구하는 전인적 비전을 형성하는 데 도움이 된다.

역할 기반 미래 스토리 작성 가이드

미래의 특정 시점(예: 10년 후, 20년 후)을 정하고, 그때 자신의 모습을 다음과 같은 역할 측면에서 생생하게 묘사해보자.

1. **직업적 역할**: 미래에 어떤 일을 하고 있는지, 일상적인 업무는 무엇인지, 이 일을 통해 어떤 영향력을 발휘하고 있는지, 어떤 성취감을 느끼는지 등을 구체적으로 묘사한다.
2. **관계적 역할**: 가족, 친구, 동료 등과의 관계에서 어떤 역할을 하고 있는지 묘사한다. 배우자, 부모, 자녀, 형제자매, 친구, 멘토 등으로서의 모습을 구체적으로 그려본다.

3. **지역사회 역할**: 지역사회나 더 넓은 사회에서 어떤 기여를 하고 있는지 묘사한다. 자원봉사, 멘토링, 시민참여 등의 활동을 통해 어떻게 공동체에 기여하고 있는지 생각해본다.
4. **학습자 역할**: 지속적인 성장과 학습을 위해 어떤 활동을 하고 있는지 묘사한다. 새로운 기술이나 지식을 습득하는 방법, 자기계발을 위한 노력 등을 구체화한다.
5. **여가 역할**: 취미, 여가 활동, 문화적 관심사를 통해 어떻게 삶을 풍요롭게 하고 있는지 묘사한다. 이러한 활동이 삶의 다른 영역에 어떤 영향을 미치는지도 고려한다.
6. **건강 관리자 역할**: 신체적, 정신적, 정서적 건강을 위해 어떤 활동을 하고 있는지 묘사한다. 운동, 영양, 스트레스 관리, 마음 챙김 등의 실천을 구체화한다.
7. **재정 관리자 역할**: 재정적 안정과 자유를 위해 어떤 전략을 실행하고 있는지 묘사한다. 저축, 투자, 예산 관리 등을 통해 어떤 재정적 상태를 이루고 있는지 생각해본다.
8. **영적 탐색자 역할**: 더 큰 목적과 의미를 찾는 여정에서 어떤 활동을 하고 있는지 묘사한다. 명상, 기도, 철학적 탐구, 자연과의 연결 등을 통해 어떻게 영적 충만함을 추구하는지 고려한다.

미래 스토리를 작성할 때는 구체성, 일관성, 균형, 진정성, 도전성, 상호 연결성을 고려하자. 미래의 한 시점에서 자신의 다양한 역할을 포괄하는 구체적인 스토리를 작성함으로써 삶의 여러 측면에서 조화롭고 의미 있는 비전을 형성할 수 있다. 이러한 통합적 비전은 단순한 목표달성을 넘어 진정으로 충만하고 균형 잡힌 삶을 향한 여정의 나침반이 된다.

▶ 미리 쓰는 자서전

미리 쓰는 자서전My Life as a Book[15]은 자신의 인생을 책으로 구성하여 과거, 현재 그리고 미래의 이야기를 연결된 흐름으로 표현하는 활동이다. 이는 심상 훈련을 통해 발견한 미래의 모습을 더 구체화하고, 체계적으로 정리하는 기회를 제공한다. 이는 그간 제공했던 프로그램들의 핵심으로 활용되었고, 효과가 매우 높으니 반드시 작성해보길 권한다.

미리 쓰는 자서전 작성 가이드

1. 준비 단계
- 자신의 삶이 여러 챕터로 구성되어 있다고 생각하세요. 당신

의 인생을 일련의 챕터로 시각화하세요. 과거 사건들, 현재의 순간, 예상되는 미래 이야기들로 구성된 지속적인 이야기라고 생각하세요.

- 개인 철학을 담으세요: 개인적인 미션, 비전, 핵심 가치(그리고 인생의 주제)를 각 챕터에 녹여내세요. 이러한 원칙들이 이야기를 안내하도록 하여, 이야기가 더 의미 있고 당신 자신을 반영하도록 만드세요.
- 브레인스토밍 세션: 별도의 종이에 인생에서 중요한 사건들을 타임라인에 따라 정리하세요. 이는 챕터 구조를 잡고 중요한 순간들을 기억하는 데 도움이 될 것입니다.

2. 책 구조 잡기

- 파워포인트 파일에 9~10개의 독립적인 챕터를 만드세요.
- 서문(여기에 당신의 미션 선언문, 선택한 3~7개의 핵심 가치, 비전 선언문을 포함하세요.)
- 과거를 기술하는 4~6개의 챕터, 현재를 포함한 1개의 챕터
- 미래를 상상하는 2~4개의 챕터
- 각 챕터에 창의적이고 의미 있는 제목을 부여하세요. 그 시기의 나이를 챕터 제목 옆에 괄호로 표시하세요.
- 각 챕터 내에는 자체 제목을 가진 섹션을 디자인하세요.
- 각 섹션 아래에는 중요한 사건이나 경험을 불릿 포인트로 나

열하세요.
- 미래에 대해 쓸 때는 미래 시제를 사용하지 마세요. 과거 시제를 사용하여 이미 이루어진 것처럼 묘사하세요.

3. 시각적 매력 더하기
- 이야기와 어울리는 관련 이미지를 통합하여 책의 미적 매력을 높이세요. 개인 사진이나 주제에 맞는 일러스트를 사용할 수 있습니다.
- 당신의 인생 책의 본질을 반영하는 맞춤형 파워포인트 템플릿을 만드세요. 디자인이 이야기를 보완하도록 하세요.

4. 매력적인 책 제목 만들기
- 당신의 전체 인생 이야기는 감동적인 제목을 자격으로 합니다. 당신의 여정을 대변하고 호기심을 자극하는 제목을 생각해보세요.

5. 상상력 발휘하기
- 이 활동은 단순한 성찰이 아니라 상상력 훈련이기도 합니다. 크게 꿈꾸고 깊이 회상하며, 가장 중요한 것은 자신을 제한하지 않는 것입니다.
- 모든 것이 가능하다는 믿음과 자신의 운명을 형성할 수 있다는 믿음으로 글을 쓰세요.

미리 쓰는 자서전은 단순한 글쓰기 활동이 아니라, 자신의 인생에 대한 통찰과 방향성을 정리하는 중요한 과정이다. 이를 통해 과거와 현재, 그리고 미래가 하나의 일관된 이야기로 연결되며, 자신이 진정으로 바라는 삶의 모습이 무엇인지 더 명확하게 이해할 수 있다.

다음은 미리 쓰는 자서전의 파워포인트 템플릿을 다운받을 수 있는 QR 코드다. 자신의 개성에 맞게 템플릿을 변경하고 이미지도 넣는 등 자기 것으로 만들어 보자. 우측의 QR 코드는 하나의 예시이다.

미리 쓰는 자서전 템플릿 다운받기

미리 쓰는 자서전 예시

▶ 한 문장으로 내 비전 표현하기

비전 선언문 Vision Statement 은 자신이 추구하는 미래의 모습을 함축적으로 담아낸 간결하고 강력한 문장이다. 이는 심상 훈련, 자서전 작성, 꿈 목록 등을 통해 발견한 자신의 열망과 방향성을 하나의 선명한 문장으로 결정화하는 과정이다.

효과적인 비전 선언문의 특징

1. **간결성**: 한 문장 정도의 짧고 명료한 표현이어야 한다. 이는 쉽게 기억하고 반복적으로 상기할 수 있게 한다.
2. **영감**: 단순한 목표 진술이 아닌, 영감을 주고 동기를 부여하는 표현이어야 한다. 자신의 내면 깊은 곳에서 울림이 있는 표현을 찾는 것이 중요하다.
3. **미래 지향성**: 현재의 문제나 제약보다는 추구하고자 하는 이상적인 미래 상태에 초점을 맞춘다.
4. **개인적 의미**: 타인이 봤을 때보다는 자신에게 깊은 의미와 공감을 주는 표현이어야 한다.
5. **시각화 가능성**: 선언문을 읽으면 그것이 실현된 모습이 마음속에 구체적인 이미지로 그려질 수 있어야 한다.

비전 선언문 예시

- "천만인의 꿈(10 Million Dreams)" - 윤형준 교수(2006년)
- "한 사람, 한잔의 커피, 한 동네씩 인간 정신에 영감을 주고 양

육하는 것" - 스타벅스
- "고객이 온라인에서 사고 싶은 모든 것을 찾고 발견할 수 있는 지구상에서 가장 고객 중심적인 회사가 되는 것" - 아마존
- "세계적 초일류기업 달성" - 삼성(1988년)

비전 선언문은 개인의 인생 여정에서 북극성과 같은 역할을 한다. 방향을 잃거나 결정을 내려야 할 순간에 이 선언문은 명확한 기준점이 되어준다. 또한, 비전 선언문은 일상의 분주함 속에서도 자신의 궁극적 목표와 가치를 상기시켜주며, 일관된 방향성을 유지하도록 돕는다. 당신의 미리 쓰는 자서전에서 나타난 핵심적인 내용을 상징하는 가슴 뛰는 문구를 만든다면 그것은 무엇인가? 그 문구를 들으면 상상이 더 구체화되는가?

나의 비전 선언문

내가 상상한 미래를 잘 나타낼 수 있는 나만의 비전 선언문을 적어보자.

_____

_____

_____

▶ **마무리:** 당신만의 비전을 찾아서

비전 설정은 단순한 미래 목표 정하기가 아니라 자신의 가장 깊은 가치와 열망을 탐색하여 삶의 방향성으로 통합하는 진정성이 핵심인 과정이다. 이는 평생에 걸친 여정으로 우리의 가치관과 열망이 시간에 따라 성숙해지듯 비전도 함께 진화하는 살아있는 개념이다. 명확한 비전은 현재의 결정과 행동에 영향을 미치는 실질적 지침이 되어, 일상의 작은 선택들이 일관된 방향성을 가지도록 도와준다.

비전이 선명해질수록 삶은 더 큰 목적의식을 갖게 된다. 그 여정이 때로는 험난할지라도 당신만의 특별한 이야기가 될 것이다. 지금 첫걸음을 내디뎌 당신이 그린 미래를 향해 나아가라. 이 이야기의 주인공이자 저자는 다름아닌 당신 자신이다. 비전 설정은 평생에 걸친 과정으로, 우리의 가치관과 열망은 시간이 지남에 따라 변화하고 성숙해진다. 따라서 비전도 고정된 것이 아니라 우리의 성장과 함께 진화하는 살아있는 개념이다.

9장

비전 달성을 위한 SWOT 분석 기반 전략 도출

인생 후반전을 성공적으로 이끌기 위해서는 명확한 비전뿐만 아니라 그것을 실현하기 위한 체계적인 전략이 필요하다. 전략 수립의 첫 단계는 현재 자신의 상황을 객관적으로 파악하는 것이다. 이를 위한 가장 효과적인 도구 중 하나가 바로 SWOT 분석이다.

   SWOT 분석은 Strengths(강점), Weaknesses(약점), Opportunities(기회), Threats(위협)의 머리글자를 딴 것으로, 원래 비즈니스 전략을 수립하기 위해 개발된 도구이다. 하지만 이 도구는 개인의 경력 및 인생 계획에도 매우 유용하게 적용될 수 있다.

▶ 나를 위한 SWOT 분석 제대로 하기

SWOT 분석을 위해서는 다음 사항을 고려한다.

- 비전이나 목표를 명확히 하여 분석의 기준점으로 삼는다.
- 객관적이고 정직한 자기 평가를 위한 마음가짐을 준비한다.
- 직업, 재정, 관계, 건강 등 삶의 다양한 측면을 고려한다.
- 모호한 진술보다 구체적이고 측정 가능한 요소들을 식별한다.

효과적인 SWOT 분석을 위해 다음을 추천한다.

1. **브레인스토밍 시간 확보**: 충분한 시간을 두고 각 요소에 대해 생각을 정리한다.
2. **다양한 영역 탐색**: 직업 기술, 경험, 교육, 네트워크, 성격 특성, 가치관 등 다양한 영역에서 강점과 약점을 찾는다.
3. **피드백 활용**: 신뢰할 수 있는 사람들로부터 피드백을 받아 자신이 보지 못하는 강점과 약점을 파악한다.
4. **트렌드 조사**: 산업 동향, 직업 시장, 기술 발전 등을 조사하여 기회와 위협을 식별한다.
5. **과거 경험 반영**: 과거의 성공과 실패 경험을 통해 배운 점을 분석에 반영한다.

다음 QR 코드를 통해 SWOT 분석 템플릿을 다운로드받은 후에 작업을 이어가도록 하자. 또한 전체 SWOT 분석의 잘된 예시도 공유하니 작성 시 참고하도록 하자.

SWOT 분석 템플릿 다운받기

SWOT 분석 예시

1단계: SWOT 항목 도출

SWOT 분석의 각 요소에 대해 최소 4가지 이상의 항목을 도출하는 것이 좋다. 각 항목을 도출할 때 **분석의 기준점인 비전이나 주요 목표를 명기하고, 고려하도록 하자**.

- **강점**Strengths: 목표달성에 도움이 되는 자신이 보유한 특성과 역량
- **약점**Weaknesses: 목표달성을 방해할 수 있는 자신의 한계나 부족한 부분
- **기회**Opportunities: 목표달성에 유리한 외부 환경이나 상황
- **위협**Threats: 목표달성을 방해할 수 있는 외부적 장애물이나 위험 요소

다음은 요소별로 고려할 수 있는 질문들이다.

SWOT 요소	주요 질문	예시
강점 (S)	• 내가 특별히 잘하는 것은? • 다른 사람들이 인정하는 나의 강점은? • 내가 가진 독특한 기술, 자격, 네트워크는?	• 20년 이상의 금융 산업 경력 • 강한 분석적 사고력 • 다양한 문화권 경험 • 광범위한 전문가 네트워크

약점 (W)	• 개선이 필요한 기술이나 지식은? • 해당 목표달성을 방해하는 습관이나 성격은? • 과거 성공을 방해했던 요소들은?	• 디지털 기술 지식 부족 • 새로운 환경 적응에 시간 소요 • 업무-생활 균형 어려움 • 공개 발표 불안감
기회 (O)	• 새롭게 떠오르는 트렌드나 수요는? • 내 강점을 활용할 수 있는 시장 요구는? • 기술 발전이 제공하는 새로운 가능성은?	• 원격 근무 확대로 지리적 제약 감소 • 시니어 전문가 경험 가치 인정 • 특정 분야 인재 부족 현상 • 온라인 교육을 통한 기술 습득 용이
위협 (T)	• 내 분야의 주요 장애물은? • 경쟁자들의 장점이나 불리한 시장 조건은? • 기술 변화가 내 기술을 구식화할 위험은?	• 빠른 기술 변화로 인한 기존 기술 구식화 • 젊은 세대와의 경쟁 심화 • 불안정한 경제 상황 • 건강 문제 발생 가능성

2단계: SO, ST, WO, WT 전략 도출

SWOT 분석의 진정한 가치는 4가지 요소를 단순히 나열하는 데 그치지 않고, 이들을 결합하여 실행 가능한 전략을 도출하는 데 있다. 이를 통해 내부 요소(강점, 약점)와 외부 요소(기회, 위협)를 연결하여 통합적인 전략을 수립할 수 있다. SWOT 분석 사례의 내용과 다음 표의 내용을 대조하여 살펴보면 이해가 빠를 것이다.

전략 유형	설명	예시
SO 전략 (강점-기회)	강점을 이용해 기회를 최대한 활용하는 성장 지향적 전략	• 금융 전문 지식과 분석력을 활용한 핀테크 컨설팅 • 의사소통 능력을 활용한 시니어 대상 멘토링 서비스
WO 전략 (약점-기회)	약점을 극복하기 위해 기회를 활용하는 자기계발 전략	• 온라인 교육으로 디지털 기술 역량 강화 • 원격 근무 기회를 활용한 워라밸 개선
ST 전략 (강점-위협)	강점을 활용해 위협을 극복하는 방어적이면서 적극적인 전략	• 분석력으로 기술 변화 예측 및 적응 • 전문 지식으로 젊은 세대와 차별화된 가치 제안
WT 전략 (약점-위협)	약점을 최소화하고 위협의 영향을 줄이는 가장 방어적인 전략	• 디지털 기술 약점 극복 학습으로 기술 구식화 방지 • 시간 관리 기법으로 업무 효율성 향상

전략 우선순위 도출

모든 전략을 동시에 실행하는 것은 현실적으로 불가능하다. 따라서 도출된 전략들의 우선순위를 결정하는 것이 중요하다.

전략 우선순위 평가 기준

전략의 우선순위를 결정하기 위한 평가 기준으로는 다음과 같은 것들을 고려할 수 있다.

- **영향력**: 해당 전략이 목표달성에 미칠 수 있는 영향의 크기
- **실행 용이성**: 현재의 자원과 상황에서 전략을 얼마나 쉽게 실행할 수 있는가.
- **시급성**: 해당 전략을 얼마나 빨리 실행해야 하는가.
- **장기적 가치**: 전략이 장기적으로 가져올 수 있는 가치와 지속 가능성

우선순위 매트릭스 활용

우선순위를 효과적으로 결정하기 위해 영향력-실행 용이성 매트릭스를 활용할 수 있다. 경우에 따라 다른 우선순위 평가 기준을 활용할 수도 있다.

1. **우선 실행**(영향 높음, 실행 용이성 높음): 영향력이 크고 실행이 용이한 전략은 가장 먼저 실행한다.

2. **계획적 준비**(영향 높음, 실행 용이성 낮음): 영향력은 크지만 실행이 어려운 전략은 체계적인 준비를 통해 점진적으로 접근한다.
3. **빠른 성과**(영향 낮음, 실행 용이성 높음): 영향력은 작지만 실행이 용이한 전략은 빠른 성과를 위해 병행할 수 있다.
4. **재검토**(영향 낮음, 실행 용이성 낮음): 영향력도 작고 실행도 어려운 전략은 재검토하거나 후순위로 미룬다.

전략적 사고의 내재화

SWOT 분석은 일회성 활동이 아니라 지속적인 전략적 사고 습관의 일부가 되어야 한다. 정기적으로 자신의 상황과 환경 변화를 점검하고, 전략을 조정해나가는 과정을 통해 비전 달성의 가능성을 높일 수 있다.

전략적 사고를 내재화하기 위한 실천 방안

- 분기별 또는 반기별로 SWOT 분석 검토 및 업데이트

- SWOT에서 도출된 전략을 구체적인 실행 계획과 연결
- 전략 실행의 성과를 측정하고 평가하는 방법 마련
- 전략 실행에서 배운 교훈을 다음 SWOT 분석에 반영

이러한 지속적인 전략적 사고 과정을 통해 인생 후반전의 비전을 향해 더욱 효과적으로 나아갈 수 있을 것이다. SWOT 분석은 단순히 도구가 아니라, 자신의 삶을 전략적으로 설계하고 주도적으로 이끌어가는 사고방식의 일부가 되어야 한다.

제4부

**목표 설정 및
관리를 통한
내 삶의 최적화**

10장

내가 원하는 삶을 위한 목표 설정

LifeCraft 에이전트로서의 목표 설정

9장에서는 비전 달성을 위한 전략을 SWOT 분석을 통해 도출해 보았다. 이제 10장에서는 이러한 전략을 구체적이고 실행 가능한 목표로 전환하는 방법을 살펴볼 차례다. 목표 설정은 비전과 전략을 현실로 만드는 중요한 다리 역할을 한다.

LifeCraft 에이전트로서 목표를 설정한다는 것은 자신의 삶을 주도적으로 디자인하고 창조해나가는 과정이다. 이는 단순히 달성해야 할 과제 목록을 작성하는 것이 아니라, 자신의 가치와 비전에 맞게 삶의 방향을 설정하고 의미 있는 변화를 만들어가는 여정이다.

50대 중반인 미국 연방정부에서 일하는 다이아나는 다음과 같이 회상했다.

"코로나19 팬데믹 중 펜실베이니아주립대 대학원에서 윤 교수님의 커리어 개발 수업을 들을 기회가 생겼습니다. 그 시기는 제 연방정부 커리어의 방향을 되짚어보고, 앞으로 어디로 나아갈지를 고민하기에 딱 좋은 시점이었죠. 이 수업의 진정한 가치는 저에게 '도전할 수 있는 용기'와 '실제로 실행할 수 있는 도구'를 줬다는 데 있어요. 오랫동안 마음속에만 품고 있었던 일들을 현실로 옮길 수 있을 거라 생각하지 못했는데, 그게 달라졌어요. 지금은 완전히 새로운 업무 영역에서 의미 있는 일을 하고 있고, 최근엔 다시 그때의 자료를 꺼내어 새로운 시기에 맞춘 계획을 세우고 있어요. 제 삶을 주도적으로 그릴 수 있게 해준 소중한 경험이었습니다."

이처럼 미국에서도 자신의 경력을 주도적으로 설계하는 움직임이 활발하지만, 최근에는 한국에서도 퇴직 후 삶이나 커리어의 방향을 재설정하려는 중년층의 관심이 높아지고 있다.

LifeCraft 에이전트로서의 목표 설정이 중요한 이유는 다음과 같다.

- **방향성 제공**: 목표는 일상의 선택과 의사결정에 분명한 방향성을 제공한다. "이 선택이 내 목표에 도움이 되는가?"라는 질문이 강력한 의사결정 도구가 된다.
- **동기부여**: 명확한 목표는 행동에 대한 강력한 동기를 부여한다. 특히 개인적으로 의미 있는 목표일수록 어려움 속에서도 지속할 수 있는 내적 동력이 된다.
- **자원 집중**: 목표는 한정된 시간과 에너지를 어디에 투자할지 결정하는 데 도움을 준다. 삶의 후반전에서 자원의 효율적 활용은 더욱 중요해진다.
- **진행 측정**: 목표는 진행 상황을 측정하고 성취를 인식할 수 있

는 기준을 제공한다. 이러한 측정은 성취감과 지속적인 동기부여의 원천이 된다.
- **회복력 증진**: 어려움에 직면했을 때, 명확한 목표는 지속적으로 나아갈 이유를 제공한다. "왜 이 어려움을 견디는가?"라는 질문에 대한 강력한 답이 된다.

목표 설정의 원칙

효과적인 목표 설정을 위해서는 몇 가지 핵심 원칙을 이해하고 적용하는 것이 중요하다. 이 장에서는 알버트 반두라의 휴먼에이전시 이론, 이에 기반한 LifeCraft 방법론, 기업에서 널리 사용되는 OKR$^{Objectives\ and\ Key\ Results}$ 방법론을 통합하여 개인의 삶에 적용할 수 있는 목표 설정 원칙을 제시한다.

반두라의 휴먼에이전시 이론에서 중요한 3가지 요소는 다음과 같다.

1. **목표 설정과 달성 사이클**: HABIT 모델의 4가지 요소(자기성찰, 미래사고, 목적의식, 목표달성노력)가 순환하는 과정이다. 목표는 단순한 실행 계획이 아니라 자신으로부터 비롯되어야

하며, 먼 미래와 행동의 결과까지 고려해야 한다.
2. **지속적인 환경 모니터링**: 자신과 환경의 변화, 그 상호작용을 끊임없이 관찰하고 주체적으로 대응하는 것이다.
3. **협력적 접근**: 모든 것을 혼자 처리하기보다 타인과 협력하여 목표를 달성하는 방법을 모색하는 것이다.

전통적으로 목표 설정은 SMART 원칙(구체적, 측정 가능, 달성 가능, 연관성, 기한 설정)을 따랐다. 이 원칙은 여전히 유효하지만, 최근에는 OKR 방법론이 주목받고 있다. OKR은 특정 목표의 중요성과 우선순위 그리고 구체적인 성과 측정 방법에 초점을 맞춘다. OKR의 핵심 구성 요소는 다음과 같다.

1. **목표**Objectives: 달성하고자 하는 명확하고 영감을 주는 방향성
2. **핵심 결과**Key Results: 목표달성을 측정할 수 있는 구체적이고 시간 제한이 있는 지표
3. **활동 계획**Initiatives: 핵심 결과에 도달하기 위해 실행할 과업들

OKR과 휴먼에이전시 이론은 많은 부분에서 일치한다. OKR의 Objective는 휴먼에이전시의 목적의식에 해당하며, Key Results는 미래사고와 목적의식의 결합이다. 활동 계획은 목표달성 노력과 연결된다. 다만 OKR에서 상대적으로 약한 부분이 자기

성찰인데, 이 책에서는 그 부분을 충분히 다루고 있어 LifeCraft 와 OKR의 결합은 휴먼에이전시의 완성이라고 볼 수 있다. 단단한 자기 이해와 정체성에 기반한 목적의식, 목표, 실행 계획은 높은 성과뿐 아니라 웰빙에도 기여한다.

    OKR은 회사와 부서의 목표, 직무 성과 목표뿐만 아니라 개인 삶의 영역에도 적용할 수 있다. 기존 과정에서는 참가들로 하여금 역할별 SMART 목표를 작성하도록 유도하곤 했는데, 최근에는 OKR의 형태를 빌려서 하는 것으로 변경하여 적용하곤 한다. 이는 OKR의 중요한 것을 더 강력하게 상기시키도록 하는 기제 때문이다.

이 책을 통해 경험했던 여러 가지 자기 탐색 방법론들을 결합하여 OKR 기반 목표를 설정함에 있어 따르면 좋을 7원칙을 제시하고자 한다.

1. **자신의 정체성 반영**: 목표는 자신의 정체성을 반영해야 한다. 나의 목표가 타인의 것은 아닌지 경계할 필요가 있다.
2. **충분한 숙고의 시간**: 하루아침에 목표가 만들어질 수 있는 것이 아니다. 충분한 성찰의 결과여야 한다.
3. **미완성**: 모든 목표는 한번 만들었다고 거기에서 끝나는 것이 아니다. 상황은 항상 변하므로 주기적인 검토가 필요하고,

필요시 변경할 수 있어야 한다.

4. **다양성**: 인생에서 한 가지 목표만을 추구할 수는 없다. 왜냐하면 우리는 여러 삶의 장에서 여러 역할을 하면서 살아가기 때문이다.

5. **연계성**: 개별 목표는 더 큰 그림에 기여하는 것이어야 한다. 이는 SMART 원칙의 R과도 부합한다. 그러기 위해서는 큰 그림이 무엇인지 알아야 한다.

6. **실현 가능성**: OKR에서 KR을 통해 구체적인 결과물을 그린다. 하지만 실현 가능성을 높이는 데는 얼마나 효과적인 실행 목록initiatives을 만들어내는지에 달려 있다. 실행 목록을 만들었음에도 KR이 잡힐 것 같지 않다면 KR을 재정의하거나, 실행 목록에 대한 브레인스토밍을 다시 하거나, 전략적 사고를 활용할 필요가 있다.

7. **실행 용이성**: 거창한 목표와 결과물도 실제 실행되지 않으면 허상이나 꿈에 불과하다. 목표나 실행 목록을 잘게 쪼갤 수 있는지, 타인을 통해서 달성할 수 있는 것인지, 협력을 통해서 달성할 수 있는 것인지, 조직적으로 움직여야 하는지 등을 기민하게 따져서 지속적으로 앞으로 나아갈 수 있도록 하는 것이 중요하다.

▶ 목표 설정서 작성

효과적인 목표 설정을 위해 다음과 같은 역할 기반 목표 설정 템플릿을 활용할 수 있다(QR 코드 활용). 이 템플릿은 삶의 다양한 역할에 맞춰 균형 잡힌 목표를 설정하고 관리하는 데 도움을 준다.

역할 기반 목표 설정 템플릿 다운받기

역할 기반 목표 설정 템플릿 작성 예시

이 템플릿을 효과적으로 활용하기 위한 단계별 접근법은 다음과 같다.

1. **역할 확인 및 수정**: 6장에서 정의한 삶의 역할을 검토하고, 현재 상황과 향후 6~12개월의 우선순위에 맞게 조정한다. 퇴직 후 새로운 삶을 설계하던 박종훈 씨는 직장인이라는 역할 대신 '지역사회 멘토'와 '평생 학습자'라는 새로운 역할을 추가했다. 이는 그의 변화된 상황과 새로운 열망을 반영한 것이다.

2. 총 5개에서 7개의 역할을 설정하도록 한다. 7개가 넘어가면 관리하기 어려워지고, 5개 미만일 경우에는 다양한 삶의 역할이 반영이 안 되었을 가능성이 크다.
3. 각 역할의 명칭을 기재한다. 이때 반드시 자기 자신의 웰빙을 위한 역할('웰빙'으로 기재)을 1번으로 기재하고, 역할 관련 책임에는 "정신적, 관계적, 신체적, 영적 건강을 돌본다"와 같은 설명을 기재한다.

모든 역할별 책임을 기술한다.

1. **SWOT 전략 통합**: 9장에서 도출한 SWOT 전략을 검토하고, 이를 역할별 목표 설정에 반영한다.
2. **역할 관련 목표**Objective를 역할별로 하나씩 기술한다. 목표는 간결하면서도 영감을 주는 문장으로 작성한다. 예: "디지털 마케팅 전략을 혁신하고 팀의 성과를 향상시킨다."
3. 목표별 2~3개의 측정 가능한 핵심 결과(KR)를 기술한다. 이를 위해 목표달성을 어떻게 측정할 것인지, 성공을 어떻게 정의할 것인지에 대한 검토가 필요하다. 전체 역할별 KR을 세 개씩 설정하면 너무 많으므로, 가급적 2개로 제한하는 것을 권장한다. 핵심적인 KR이 있을 경우에는 하나만 설정해도 무방하다.

4. **실행 계획 항목 작성**: 각 KR을 달성하는 데 결정적인 도움이 될 만한 구체적인 단계와 행동 계획을 작성한다. 가급적 3가지 정도의 항목을 적도록 한다. 예: "주간 성과 미팅 체계화하고 문제점 즉시 대응하기"
5. **기한 설정**: 각 KR에 대해 현실적이면서도 도전적인 달성 기한을 설정한다.
6. **우선순위 설정**: 모든 목표의 상대적 중요도를 '%' 열에 표시하여 자원 배분의 기준으로 삼는다. 모든 역할의 % 합은 100%가 되어야 한다.
7. **정기적 검토 계획**: 목표 진행 상황을 정기적으로 검토하고 조정할 일정을 미리 계획한다. 월간, 분기별 검토 시간을 미리 일정에 포함하는 것이 좋다.

이 템플릿은 단순한 형식이 아니라, 삶의 여러 영역에 걸쳐 균형 잡힌 목표를 설정하고 추적하는 종합적인 도구로 활용되어야 한다.

개인 목표와 조직 내 목표의 시너지 내기

현대사회에서 대부분의 사람은 개인적인 삶과 직업적인 삶을 모두 가지고 있다. 이 두 영역의 목표가 서로 충돌하면 스트레스와 불만족이 발생할 수 있지만, 잘 조화를 이루면 큰 시너지 효과를 낼 수 있다.

개인 목표와 조직 목표의 연결 중요성

개인 목표와 조직 목표를 연결하는 것이 중요한 이유는 다음과 같다.

1. **에너지와 동기 집중**: 개인과 조직 목표가 일치할 때, 동일한 활동이 두 영역 모두에 기여하므로 에너지와 시간을 더 효율적으로 활용할 수 있다.
2. **의미와 목적 강화**: 직장에서의 활동이 개인적 성장과 가치 실현에 기여할 때, 일에 대한 의미와 목적이 강화된다.
3. **지속 가능한 성과**: 개인 가치와 일치하는 조직 목표는 장기적으로 더 지속 가능한 성과와 만족도를 제공한다.

4. **일과 삶의 통합**Work-Life Integration: 철저한 분리보다는 조화로운 통합이 현대 직장인의 웰빙에 더 효과적일 수 있다.

시너지 창출 전략

개인 목표와 조직 목표 사이의 시너지를 창출하기 위한 실질적인 전략은 다음과 같다.

1. **가치 일치 확인**: 자신의 핵심 가치와 소속 조직의 가치가 얼마나 일치하는지 평가한다. 일치하는 부분을 중심으로 목표를 설정한다.

   > 환경에 관심이 많은 이민지 씨는 제약회사의 지속 가능성 부서로 이동을 요청했다. 자신의 환경 보호 가치와 회사의 친환경 정책 개발이라는 목표가 일치하는 영역에서 일함으로써 직업 만족도가 크게 향상되었다.

2. **잡 크래프팅**Job Crafting: 현재 직무의 경계 내에서 자신의 강점과 관심사에 더 잘 맞도록 업무를 재구성한다. 이는 조직의 목표를 달성하면서도 개인적 만족도를 높일 수 있는 방법이다.

3. **성장 기회 탐색**: 조직 내에서 개인적 성장과 발전을 위한 기회(예: 새로운 프로젝트, 교육 프로그램, 멘토링 관계)를 적극적으로 찾는다.
4. **역할 확장**: 조직 내에서 자신의 역할을 확장하여 더 많은 개인적 관심사와 강점을 활용할 수 있는 기회를 만든다.
5. **협상과 대화**: 상사나 팀과 열린 대화를 통해 개인 목표와 조직 목표를 더 잘 조화시킬 수 있는 방안을 협상한다.

시너지 매트릭스 활용

개인 목표와 조직 목표의 시너지를 평가하고 최적화하기 위해 다음과 같은 매트릭스를 활용할 수 있다. 주요 목표를 놓고 조직 목표 기여도와 개인 목표 기여도를 평가한 후 다음 표에 배치해보자.

	조직 목표 기여도: 낮음	조직 목표 기여도: 높음
개인 목표 기여도: 높음	**재조정 영역** • 개인적으로는 가치 있지만 조직에 기여하지 않는 활동 • 어떻게 조직 기여도를 높일 수 있을지 또는 근무 외 시간으로 이동할지 고려	**시너지 영역** • 개인과 조직 모두에게 가치 있는 활동 • 이 영역의 활동에 시간과 에너지를 우선 투자

개인 목표 기여도: 낮음	제거 영역 • 개인과 조직 모두에게 가치가 낮은 활동 • 최소화하거나 제거하는 방안 모색	효율화 영역 • 조직에는 가치가 있지만 개인적으로는 덜 의미 있는 활동 • 효율화하거나 개인적 의미를 찾는 방안 모색

이 매트릭스를 활용하여 자신의 주요 활동과 목표를 평가하고, 시너지 영역을 확대하기 위한 전략을 수립할 수 있다.

> 중견 금융회사의 임원인 박혜진 씨는 이 매트릭스를 활용해 자신의 업무를 분석했다. 그 결과, 디지털 전환 프로젝트가 회사의 미래 경쟁력을 높이는 동시에 자신의 기술 역량 강화라는 개인 목표에도 부합한다는 것을 발견했다. 그녀는 이 '시너지 영역'에 더 많은 시간을 투자하기로 결정했고, 반면 단순 행정 업무는 대부분 위임하거나 자동화하는 방향으로 조정했다.

목표 설정과 실행의 여정

목표 설정과 실행은 단순한 계획 작성이 아닌, 진정으로 의미 있는 삶을 창조해가는 여정이다. 이 여정에는 비전과 가치에 부합하는 목표 설정, SWOT 분석을 통한 전략적 접근, 역할 기반의 구체적 계획 수립, 일상 습관과의 연결, 물리적·사회적 환경의 최적화, 다양한 심리적 도구 활용 그리고 정기적인 점검과 유연한 조정이 통합적으로 작용한다. 이 모든 요소가 조화롭게 어우러질 때, 우리는 목표를 향해 꾸준히 나아갈 수 있다.

11장

웰빙을 고려한 목표달성 및 삶의 최적화 전략

균형 잡힌 삶을 위한 웰빙 전략

인생 후반전의 성공적인 여정은 목표달성을 넘어 균형 잡힌 접근이 필요하다. 웰빙은 단순한 신체적 건강을 넘어 삶의 다양한 영역에서 느끼는 충만함과 만족감을 의미한다.

웰빙의 7가지 핵심 영역[*]

- **신체적 웰빙**: 적절한 운동, 균형 잡힌 영양, 충분한 수면, 정기적 건강 검진
- **정서적 웰빙**: 감정 이해와 표현, 스트레스의 건강한 관리 능력
- **지적 웰빙**: 호기심 유지, 새로운 기술과 지식의 지속적 습득
- **사회적 웰빙**: 의미 있는 관계 형성과 유지, 사회적 지원 네트워크 구축
- **영적 웰빙**: 삶의 의미와 목적 탐구, 자신보다 큰 존재와의 연결감
- **직업적 웰빙**: 일에서 의미와 성취감 경험, 재능과 열정 활용

---

[*] 1976년에 빌 헤틀러(Bill Hettler) 박사에 의해 6가지 웰빙 영역이 구조화되었다. 이 책에서는 현대 사회에서의 경제적 웰빙의 중요성을 감안하여 이를 추가하여 7가지로 제시하였다.

기회
- **경제적 웰빙**: 재정적 안정과 자유, 자원의 효과적 관리, 미래를 위한 준비

빌 헤틀러 박사[16]는 웰빙 영역들을 수레바퀴 형상으로 표현을 했다. 바퀴가 전반적으로 균형이 잡혀 있을 경우에는 바퀴가 잘 굴러갈 것이고, 그렇지 않다면 덜컹거림이 있을 것이다.

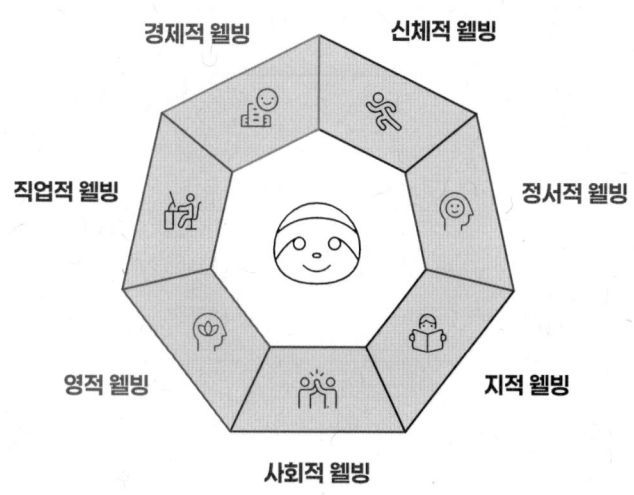

| 그림 4 | 웰빙 수레바퀴

웰빙 자가 진단 도구: 웰빙 수레바퀴

웰빙 수레바퀴는 각 웰빙 영역의 현재 상태를 점검하고 균형적 발전을 계획하는 도구이다. 각 영역을 0~10점으로 평가하여 시각화하고, 개선이 필요한 영역을 위한 행동 계획을 수립한다. 모든 영역을 동시에 개선하기보다 1~2개 우선순위 영역에 집중하는 것이 효과적이다.

웰빙 영역	현재 점수(0~10)	목표 점수(0~10)	개선을 위한 행동 계획
신체적 웰빙			
정서적 웰빙			
지적 웰빙			
사회적 웰빙			
영적 웰빙			
직업적 웰빙			
경제적 웰빙			

▶ 조화와 자아실현의 동시 추구 방법

인생 후반전에서는 '조화'와 '자아실현'이라는 2가지 중요한 가치를 동시에 추구할 필요가 있다. 조화는 삶의 다양한 영역 간의 균형과 통합을 의미하며, 자아실현은 자신의 잠재력을 최대한 발휘하고 진정한 자아를 표현하는 것을 의미한다.

조화와 자아실현의 통합적 전략

1. **핵심 가치 중심의 우선순위 설정**: 자신의 핵심 가치와 열정을 명확히 파악하고, 이를 중심으로 시간과 에너지 배분의 우선순위를 설정한다.
2. **중요한 소수에 집중**: 모든 영역에서 완벽을 추구하기보다 자신에게 가장 중요한 2~3개 영역에 집중하여 깊이 있는 만족과 성취를 경험한다.
3. **시너지 영역 발견**: 여러 웰빙 영역에 동시에 기여할 수 있는 활동을 찾는다. 예를 들어, 가족과 함께하는 하이킹은 신체적, 정서적, 사회적 웰빙을 동시에 증진할 수 있다.
4. **시기적·계절적 접근**: 인생의 특정 시기나 계절에 따라 중점

을 두는 영역을 조정한다. 예를 들어, 특정 프로젝트를 위해 일시적으로 직업적 영역에 더 집중하고, 이후에는 다른 영역의 균형을 회복하는 방식이다.
5. **정기적 성찰과 조정**: 주간 또는 월간 단위로 각 웰빙 영역의 상태를 점검하고, 필요에 따라 접근 방식을 조정한다.

사례 연구: 조화와 자아실현의 균형

김지현(52세, 기업 임원)

김지현 씨는 20년간 한 대기업에서 임원으로 성공적인 경력을 쌓았다. 그러나 건강 문제와 가족과의 소원한 관계로 인해 삶의 균형에 위기를 느꼈다. 그는 웰빙 수레바퀴 분석을 통해 직업적 웰빙(9점)은 높지만, 신체적 웰빙(3점)과 사회적 웰빙(4점)이 매우 낮다는 것을 깨달았다.

그는 이러한 불균형을 해소하기 위해 다음과 같은 전략을 채택했다.

- 주4일 근무로 전환하여 금요일은 건강 관리와 가족 시간에 투자
- 매일 아침 30분 운동을 일상에 통합
- 월 1회 가족 여행 계획 수립

• 분기별로 웰빙 상태를 점검하고 조정

1년 후, 그의 웰빙 수레바퀴는 직업적 웰빙(8점), 신체적 웰빙(7점), 사회적 웰빙(8점)으로 더욱 균형 잡힌 모습을 보였다. 그는 "직장에서의 역할이 줄었지만, 오히려 집중력과 창의성이 향상되어 더 효율적으로 일할 수 있게 되었다"라고 말했다.

내가 원하는 삶을 위한 ERRC

ERRC$^{Eliminate-Reduce-Raise-Create}$ 프레임워크[17]는 삶의 최적화를 위한 구체적 전략 수립에 도움이 된다. 이 방법은 '블루오션 전략'에서 활용되는 기업 혁신 도구를 개인 삶에 창의적으로 적용한 것으로, 현재 상태를 전략적으로 재구성하는 데 효과적이다.

ERRC 템플릿

다음 템플릿을 활용하여 자신만의 ERRC 분석을 진행해보자.

ERRC 카테고리	설명	예시	나의 항목
제거 (Eliminate)	삶에서 완전히 제거해야 할 활동, 관계, 습관	• 불필요한 회의 참석 • 독성 관계 • 과도한 뉴스 소비 • 자동적인 '예스맨' 태도 • 타인의 기대에 맞추기 위한 활동	
감소 (Reduce)	줄여야 하지만 완전히 제거할 필요는 없는 요소	• 소셜 미디어 사용 시간 • 불필요한 업무 시간 • 과도한 소비 습관 • 타인과의 비교 • 수동적 엔터테인먼트 소비	
증가 (Raise)	이미 하고 있지만 더 늘려야 할 활동, 태도, 습관	• 가족과의 질적 시간 • 건강 관리 활동 • 자기 성찰 시간 • 감사 표현 • 적극적 경청	
창조 (Create)	삶에 새롭게 도입해야 할 활동, 관계, 습관	• 주간 디지털 디톡스 날 • 새로운 취미 또는 기술 • 멘토링 관계 • 일상적 명상 습관 • 개인 프로젝트	

ERRC 적용 사례

김도현(45세, 중견기업 회계 담당 차장)

김도현 차장은 세무 회계와 재무 관리로 바쁜 일상을 보내며 재경팀에서 성공적인 경력을 쌓았다. 그러나 최근 건강 문제와 번아웃 징후를 경험하며 삶의 방향성에 대한 재고가 필요하다고 느꼈다. 그는 ERRC 분석을 통해 다음과 같은 변화를 계획했다.

ERRC 카테고리	항목
제거 (Eliminate)	• 형식적인 부서 회식 참석 • 관심 없는 부가 업무 수락 • 퇴근 후 회사 메신저 확인 습관
감소 (Reduce)	• 반복적인 보고서 작성 시간 (자동화 시스템 도입) • 불필요한 협의체 미팅 참석 • 주말 결산 업무 • 저녁 식사 후 재무 관련 걱정
증가 (Raise)	• 운동 시간 • 신입 사원과의 질적 멘토링 • 가족과의 식사 시간 • 핵심 재무 분석에 집중하는 시간
창조(Create)	• 주간 '집중 업무' 날(방해 없이 결산 작업에 집중하는 시간) • 평생 배우고 싶었던 통기타 레슨 • 회사 사회공헌 프로그램 참여 • 일일 명상 습관

김도현 차장은 이 ERRC 계획을 6개월간 실행한 후 "업무량은 줄었지만 재무 분석의 질과 만족감은 오히려 증가했고 신체적, 정신적 웰빙이 크게 향상되었다"라고 보고했다.

▶ 웰빙 중심의 삶을 위한 실천 전략

지금까지 살펴본 웰빙 수레바퀴, 조화와 자아실현의 통합, ERRC 프레임워크는 모두 인생 후반전에서 더 균형 잡히고 만족스러운 삶을 위한 도구들이다. 이 도구들을 효과적으로 활용하기 위한 실천 전략을 몇 가지 제시한다.

일상의 의식화

삶의 변화는 일상의 작은 실천에서 시작된다. 무의식적인 습관과 패턴을 의식적인 선택으로 전환하는 '일상의 의식화'는 웰빙 증진의 핵심 전략이다. 주요 방법은 다음과 같다.

- **의식적 일과 시작**: 아침에 깨어난 후 첫 15분을 '자동화' 모드

가 아닌 '의식적' 모드로 보낸다. 이 시간에 호흡, 스트레칭, 의도 설정 등을 할 수 있다.
- **일상 활동의 명상화**: 식사, 걷기, 청소 등 일상적인 활동을 할 때 온전히 현재 순간에 집중한다.
- **디지털 소비 관리**: 스마트폰이나 컴퓨터 사용 전에 "이것이 내 웰빙에 어떻게 기여하는가?"를 질문한다.
- **관계 상호작용 의식화**: 대화할 때 정말로 경청하고, 의미 있는 대화를 나눈다.
- **일과 종료 의식**: 하루를 마무리하는 의식을 통해 하루를 성찰하고 내일을 준비한다.

에너지 관리의 최적화

웰빙을 위해서는 시간 관리보다 에너지 관리가 더 중요할 수 있다. 같은 24시간이라도 에너지 수준과 관리 방식에 따라 삶의 질이 크게 달라진다.

- **에너지 매핑**: 하루 중 자신의 에너지 수준이 가장 높은 시간대와 낮은 시간대를 파악한다.
- **에너지-업무 매칭**: 가장 중요하고 집중력이 필요한 일은 에너

지가 가장 높은 시간대에 배치한다.
- **에너지 회복 활동**: 짧은 산책, 명상, 심호흡 등 에너지를 빠르게 회복할 수 있는 활동을 일과 중에 정기적으로 삽입한다.
- **에너지 흡수원 관리**: 에너지를 지나치게 소모하는 활동, 관계, 환경을 식별하고 제한한다.
- **신체 리듬 존중**: 자신의 고유한 일주기 리듬을 존중하고, 이에 맞게 활동을 조정한다.

의미 있는 도전과 성장

인생 후반전에서도 지속적인 도전과 성장은 웰빙의 핵심 요소이다. 새로운 경험은 인지적 유연성을 유지하고 삶의 활력을 증진한다.

- **평생 학습자 정체성**: 배움이 끝났다고 여기기보다는 자신을 변화하는 환경에 끊임없이 적응하는 '평생 학습자'로 인식한다.
- **초보자의 마음가짐**: 새로운 분야에 접근할 때 겸손하고 호기심 많은 '초보자의 마음가짐'을 유지한다.
- **성장 영역 확장**: 익숙한 분야를 넘어 새로운 영역으로 관심을

확장한다. 예를 들어, 분석적 사고에 익숙한 사람이 예술적 표현을 탐구하는 것이다.
- **멘토와 멘티 역할**: 자신의 전문 분야에서는 멘토로, 새로운 분야에서는 멘티로 활동한다.
- **실패를 통한 학습**: 실패를 두려워하지 않고, 이를 학습과 성장의 기회로 활용한다.

마무리: 웰빙 중심의 통합적 삶을 향해

웰빙 중심의 삶은 단일한 목표달성을 넘어 신체적·정서적·지적·사회적·영적·직업적 영역의 균형 있는 발전을 추구하는 데 있다. 조화와 자아실현은 상호 보완적으로, 자신의 가치와 열정을 바탕으로 삶을 설계할 때 더욱 지속적이고 만족스러운 성취로 이어진다. ERRC 프레임워크와 일상의 실천 전략을 활용해 불필요한 요소는 줄이고, 본질적인 성장과 의미에 다가갈 수 있다. 인생 후반전은 성장과 통합의 새로운 기회이다. 모두가 자신의 방식으로 균형 잡힌 삶을 실현하길 바란다.

마치는 글
인생의 새로운 장을 향하여

여정의 마무리와 새로운 시작

당신은 LifeCraft 여정을 통해 자신을 깊이 탐색하고, 인생 후반전을 위한 나침반을 만들었다. "나는 누구인가"라는 질문으로 시작해 에니어그램으로 성격을 이해하고, 인생 테마와 강점을 발견하여 미래 비전과 구체적 전략을 수립했다. 이제 이 여정을 종합하고 앞으로 나아갈 방향을 제시하려 한다.

끝없는 성장과 도전의 자세

스티브 잡스는 스탠퍼드 대학 졸업식 연설[18]에서 "Stay Hungry, Stay Foolish(항상 갈망하고, 항상 우직하게)"라는 말을 남겼다. 이 문구는 인생 후반전을 시작하는 우리에게도 깊은 울림을 준다. '항상 갈망하라'는 지식과 성장에 대한 끊임없는 열망을, '항상 우직하게'는 관습과 편견에 얽매이지 않는 태도를 의미한다.

뇌과학 연구에 따르면[19] 우리의 뇌는 평생 새로운 신경 연결을 만들고 변화할 수 있는 '신경가소성neuroplasticity'을 가지고 있다. 즉, 나이에 상관없이 새로운 기술을 배우고, 새로운 습관을 형성하며, 새로운 사고방식을 발전시킬 수 있다. 평생 학습자로서 호기심을 유지하고, 낯선 영역을 탐색하며, 실패를 배움의 기회로 보는 태도가 중요하다.

인생 후반전에서는 안정을 추구하는 경향이 강해질 수 있지만, 진정한 성장과 만족은 종종 우리의 안전지대 바깥에 있다. 점진적 도전을 통해 성공의 정의를 재구성하고, 실패로부터 회복하는 탄력성을 키워나가야 한다. 다음과 같은 방식으로 도전과 위험을 건강하게 수용할 수 있다.

의미와 유산 창조하기

인생 후반전을 의미 있게 설계하기 위해서는 역설적으로 '끝'을 명확히 생각해볼 필요가 있다. 스티븐 코비가 《성공하는 사람들의 7가지 습관》에서 제안한 '끝을 생각하며 시작하라'는 원칙에 따라 당신이 세상에 남기고 싶은 유산legacy은 무엇인지 고민해보자. 사람들이 당신을 어떻게 기억하길 원하는지, 어떤 가치와 원칙이 다음 세대에게 전해지길 바라는지 생각해보라.

단순한 '버킷 리스트'를 넘어 '삶의 의미 목록Life Meaning List'을 만들어보자. 이는 당신의 삶에 깊은 의미와 만족을 가져다줄 활동, 관계, 기여를 포함한다. 깊은 관계 형성, 창조적 표현, 지식과 지혜 전수, 사회적 기여, 개인적 성장 등의 영역에서 의미 있는 목표를 설정해보자.

삶의 주도적 설계자 되기

인생 후반전의 가장 큰 특권은 더 많은 자율성과 선택의 자유를 가질 수 있다는 점이다. 진정한 자유는 외부적 제약의 부재가 아니라, 자신의 본질과 가치에 따라 삶을 형성해나갈 수 있는 내적 역량을 의미한다.

HABIT 모델(자기성찰, 미래사고, 목적의식, 목표달성노력)을 활용하여 삶의 수동적 관찰자가 아닌, 적극적인 설계자가 될 수 있다. 이는 상황에 휘둘리지 않고, 자신의 가치와 목표에 부합하는 삶을 의식적으로 창조해나가는 과정이다.

인생은 계속 진행 중인 이야기로, 당신은 그 이야기의 저자다. 과거를 재해석하고, 현재 순간을 풍요롭게 하며, 미래의 가능성을 열어두는 태도가 중요하다.

지속적 성장과 나눔의 실천

LifeCraft 여정은 이 책을 덮는다고 끝나지 않는다. 같은 여정을 걷는 동료들과 '실천 커뮤니티'를 형성하여 배움을 공유하고, 서로에게 책임감을 부여하는 것이 도움이 된다.

자신의 여정을 심화할 수 있는 다양한 경로(심화 학습, 실천 프로젝트, 멘토링과 코칭)를 탐색하고, 얻은 통찰과 변화를 다른 이들과 나누어보자. 가르침은 배움의 가장 강력한 형태이기도 하다.

지금까지의 LifeCraft 여정을 돌아보며, 각 장에서 가장 의미 있었던 통찰, 새롭게 발견한 것들, 도전적이었던 작업들을 성찰해보자. 당신의 사명 선언문과 핵심 가치를 다시 확인하고, 이것이 현재 삶에 어떤 의미를 갖는지 생각해보라.

마무리: 새로운 시작을 응원하며

이 책의 마지막 장까지 함께한 당신의 여정은 작은 성취가 아니다. 인생 후반전은 종착점이 아니라 새로운 가능성과 의미의 출발점이다. 변화와 성장의 과정은 결코 선형적이지 않으며, 도전과 좌절의 순간이 있을 것이다. 그럴 때마다 자신의 내적 나침반을 신뢰하길 바란다.

당신은 혼자가 아니다. 같은 여정을 걷는 많은 동료와 LifeCraft 커뮤니티가 함께하고 있다. "길이 끝날 때까지 여행이 끝난 것이 아니다. 여행자가 다른 길을 선택할 때까지 여행은 계속된다." 당신의 새로운 여정에 축복이 함께하길 바란다.

감사의 글

　퇴고를 마치고서야 감사의 글을 적게 되었다. 이 책은 나의 정체성의 표현인데, 이는 여러 귀인을 통해 형성되었다. 다음 책부터는 감사의 글은 짧아지겠지만, 첫 단독 저서이자 나의 시발점에 관련된 내용의 책이라 이 글을 기록으로 남기고 싶었다.

　책의 전체적인 테마는 시크릿 에이전트처럼 주도적으로 자신의 삶을 개척해나가는 것인데, 나는 에이전트처럼 길러졌다.

　어릴 적 서울의 변두리 동네에서 반장으로 구청에 민원을 제기하여 고질적인 하수도 문제를 해결하는 등 마을 환경을 개척해나가는 모습을 보여주신 어머니, 세계 각국을 누비며 LG 티비 세일즈맨으로서 활약하시던 작은 아버지를 보면서 세계를 누비며 세상을 개척하는 꿈을 꾸었다.

　글로벌 인재의 조건이라는 책을 통해, 수업의 일환으로 내주신 인생 계획을 세우라는 과제로, HRD(인적자원개발)라는 학문적 토대의 가르침으로 내 길의 등대 역할을 해주신, 지금은 고인이 되신 권대봉 교수님을 통해 세상과 호흡하는 HRD 분야의 학자로서 꿈을 키워갔다.

　책에도 잠깐 등장하지만 소중했던 군생활, 나와 함께했던 병사들, 동료들 그리고 당시에는 무섭기만 했지만 나에게 결정적인 기회를 주신 이광태 대대장님. 모두 나의 귀인들이다.

대학원에서 함께 수학하며 많은 토론을 거쳤던 현영섭 교수님, 박소연 교수님, 변정현 박사, 김세훈 교수, 정현선 교수 등 선후배님들. 나를 HRD 분야로 들어오도록 조언해주시고, 앞길을 보여주셨던 신범석 박사님. 항상 나의 길을 반보 먼저 가시며 길이 있음을 보여주신 박용호 교수님.

나의 사명과 가장 근접하게 활동하고 있던 회사인 한국리더십센터를 설립하고 운영하시고 내게 기회를 주고 멘토링을 해주셨던 대한민국 사회의 선구자 역할을 하신 김경섭 박사님. 그리고 과감히 뜻을 펼치는 모습을 보여주었던 나의 친구 연지원 작가, 그리고 멀찍이 바라보았던 당시 한국리더십센터의 멋진 선배님들.

꿈 같았던 LG 디스플레이 경영교육팀에서의 시간, 많은 도전을 하며 진정한 HRD 전문가로 성장할 수 있었던 그 시절 나의 잠재력을 알아봐주시고 키워주셨던 나의 영원한 팀장님. 고인이 되신 손화원 팀장님. 그리고 든든한 경영교육팀 선후배 여러분. 나의 교육을 거쳐간 많은 분. 이 과정에서의 진정한 산-학 협력의 모델을 보여주신 전북대학교의 봉현철 교수님.

체득한 지식을 펼칠 기회를 주었던, 그리고 지금도 무한히 주고 있는 태전그룹 오영석 회장님, 그리고 오경석 부회장님. 함께하는 박민영 부장님 이하 많은 동료.

꿈을 위한 채찍질을 아끼지 않으셨던 펜실베이니아 주립대에서 나의 박사과정 지도교수님이자 현재의 동료 윌리엄 로스웰 교수님. 그분의 전설적인 HRD에 대한 열정, 전문성 그리고 영향력. 나의 스승이자, 상사이자, 동료이자, 든든한 지원자인 웨슬리 도나휴 교수님.

커리어 개발 분야에서 롤모델과 멘토의 역할을 해주신 스펜서 나일즈 교수님. 나의 첫 커리어 쪽의 전문 스승 주디 에틴저 박사님. 엄마 같은 스승 말카 에델만. 그리고 미국 커리어개발협회[NCDA]의 동료들.

나의 이론 기반 프로그램을 기꺼이 고려대학교에서 함께 보급하고 함께 고민하여 확장하고, 연구활동을 함께 해오신 계명대학교의 안성식 교수님, 그리고 한양대의 강은희 선생님. 든든한 지원자 양민희 선생님. 함께했던 강사님들, 학생들.

이 모든 분께 감사의 말씀을 전한다.

유학 생활 동안 뒷바라지를 포함하여 18개월된 아이와 아픈 몸을 이끌고 함께 모로코에서 3년 반을 생활하는 등 아직도 귀양살이하듯 무모해 보이는 도전에 함께해오고 있는 나의 아내. 아빠의 도전에 세트로 다니며 한국에 있었으면 겪지 않아도 될 인종차별 등을 겪으며 단단해진, 세계 속의 한국인으로 잘 성장하고 있는 아들 예한. 이 두 분께 미안함, 사랑함, 감사함을 담아 이 책을 바친다.

참고문헌

1) Snyder, C. R. (2002). Hope theory: Rainbows in the mind. *Psychological Inquiry*, *13*(4), 249-275. https://doi.org/10.1207/s15327965pli1304_01
2) Yoon, H. J. (2019). Toward agentic HRD: A translational model of Albert Bandura's human agency theory. Advances in Developing Human Resources, 21(3), 335-351. https://doi.org/10.1177/1523422319851437
3) Yoon, H. J. (2011). *The development and validation of the assessment of human agency employing Albert Bandura's human agency theory* [Unpublished doctoral dissertation, The Pennsylvania State University]. https://etda.libraries.psu.edu/catalog/12221
4) Bandura, A. (1999). Social cognitive theory: An agentic perspective. *Asian Journal of Social Psychology, 2*, 21-41. https://doi.org/10.1111/1467-839X.00024
5) 샾잉 #ing. (2024). [#유퀴즈] G글 코리아 임원에서 50대 신입사원으로? YouTube, https://www.youtube.com/watch?v=vsTW7AmDi7M
6) 윤형준(2004). *경력 닻 유형과 에니어그램 성격 유형의 관계*. 고려대학교 대학원 석사학위 논문. https://www.riss.kr/link?id=T9582779
7) Rokeach, M. (1973). *The nature of human values*. New York: The Free Press.
8) Craig, N., & Snook, S. (2014). From purpose to impact. *Harvard Business Review*, 92(5), 104-111.
9) Gallup. (2021, May 21). People do their best performance when they start with purpose. https://www.gallup.com/workplace/350060/people-best-performance-start-purpose.aspx
10) Winfrey, O. (n.d.). Philanthropy. https://www.oprahwinfrey.com/philanthropy
11) Malala Fund. (n.d.). Malala's story. https://www.malala.org/malalas-story
12) Tesla, Inc. (n.d.). About. https://www.tesla.com/about
13) Jones, L. B. (1998). *The path: Creating your mission statement for work and for life*. Tyndale House.
14) 예: Driskell, J. E., Copper, C., & Moran, A. (1994). Does mental practice enhance

performance? *Journal of Applied Psychology, 79*(4), 481-492. https://doi.org/10.1037/0021-9010.79.4.481

15) Niles, S. G., & Harris-Bowlsbey, J. (2022). *Career development interventions in the 21st century* (6th ed.). Pearson Education, Inc.

16) Hettler, B. (1976). *The six dimensions of wellness*. National Wellness Institute. https://www.hettler.com/

17) Kim, W. C., & Mauborgne, R. (2005). *Blue ocean strategy: How to create uncontested market space and make the competition irrelevant*. Harvard Business Review Press.

18) mgonee (2018, March 15). *Steve Jobs Stanford Commencement Speech 2005* [Video recording]. https://www.youtube.com/watch?v=5R2EV5aoS8Y

19) 예: Bezzola, L., Mérillat, S., & Jäncke, L. (2012). The effect of leisure activity golf practice on motor imagery: An fMRI study in middle adulthood. *Frontiers in Human Neuroscience, 6*(Article 67), 1-9. https://doi.org/10.3389/fnhum.2012.00067